Hans-Peter Bröckerhoff

DIE KÜCHE SARDINIENS

Ein kulinarisches Erlebnis – im Urlaub und zuhause

Edition Sardoro

Impressum

Hans-Peter Bröckerhoff
Die Küche Sardiniens
Ein kulinarisches Erlebnis – im Urlaub und zuhause
1. Auflage Juni, 2012

© Edition Sardoro, Hans-Peter Bröckerhoff, Ingolstädter Straße 12,
D 60316 Frankfurt am Main, hp.broeckerhoff@sardoro.de
Alle Rechte vorbehalten. Das Werk einschließlich seiner Teile ist urheberrechtlich geschützt. Jede Verwertung außerhalb der engen Grenzen des Urheberrechtsgesetzes ist ohne schriftliche Zustimmung des Verlages unzulässig und strafbar. Das gilt insbesondere für Kopien, Einspeisungen und Verarbeitungen in elektronischen Systemen.

Layout, Satz und Umschlag: Edith Lang, Mannheim

Fotos: Gianflorest Pani: Titel und Seiten 10, 14, 16, 19, 20, 22, 25, 28, 30, 43, 44, 46, 49, 52, 55, 56, 59, 61, 62, 65, 66, 69, 72, 75, 76, 79, 80, 83, 85, 93, 94, 97, 98, 100, 103, 104, 106, 109, 110, 114, 116, 118, 121
Adriano Mauri: 5, 33, 34, 36, 39, 86, 123
Fulvio Roiter: Seite 84
Hans-Peter und Gisela Bröckerhoff: alle übrigen

Druck: PS Printsolution, München

ISBN 978-3-00-038546-9

Die traditionelle Küche Sardiniens ist noch sehr lebendig. Sie gehört in den meisten sardischen Familien zum Alltag und wird auch in vielen unserer Restaurants sorgsam gepflegt.

Unsere Küche ist ursprünglich und einfach, sie kommt ohne große Raffinessen aus. Dennoch ist sie reich an Geschmack und Vielfalt! Denn sie setzt auf die guten und unverfälschten Zutaten, die unser Meer, unsere Felder und unsere Weiden uns schenken – und auf die Erfahrung und das Können bei deren Zubereitung.

Für uns Sarden ist unsere Küche ein Teil unseres kulturellen Erbes und damit ein großer Reichtum – den wir gerne mit unseren Gästen teilen. Deshalb habe ich mich sehr gefreut, als mein langjähriger Freund Hans-Peter Bröckerhoff begann, in seiner Muttersprache ein Buch über unsere Rezepte, unsere Produkte und vor allem unsere Art zu genießen zu schreiben.

Er hat sich intensiv mit den kulinarischen Traditionen Sardiniens beschäftigt. Ich habe ihm gerne mit Informationen und praktischen Ratschlägen geholfen, seine Kenntnisse und Erfahrungen zu vertiefen. Sein jetzt vorliegendes Buch gibt einen wertvollen Einblick in die kulinarische Welt Sardiniens und ist zugleich eine gute Anleitung, selbst einmal sardisch zu kochen.

Ich wünsche dem Buch viele Leserinnen und Leser, die unsere Küche kennen lernen möchten. Und ich hoffe, dass möglichst viele der Leser die wunderbaren Gerichte der sardischen Küche dann auch wirklich genießen werden – entweder indem sie die in diesem Buch beschriebenen Gerichte zuhause selbst zubereiten oder indem sie unsere Insel besuchen und unsere vielfältigen Köstlichkeiten vor Ort probieren.

Paolo Contini
Cabras, Sardegna

Paolo Contini ist einer der renommiertesten Winzer Sardiniens. Er ist zudem ein bekannter Gourmet und Kenner der traditionellen sardischen Küche, aus der er so manches Gericht auch hervorragend zuzubereiten weiß.

Lesen, nachkochen, genießen
Hinweise zu diesem Buch

Dieses Kochbuch ist auf der Basis meiner jetzt schon fast dreißig Jahre währenden Liebe zur sardischen Küche entstanden. Ich habe es für all diejenigen geschrieben, die neugierig auf die traditionelle und noch immer lebendige Küche dieses wunderschönen „kleinen Kontinents" inmitten des Mittelmeers sind. Neben denen, die einfach „nur" an dieser speziellen Variante der Mittelmeerküche interessiert sind, soll das Buch vor allem den vielen deutschsprachigen Sardinienreisenden einen Einblick in die authentische sardische Küche geben.

Authentisch heißt hier, dass die Rezept möglichst so beschrieben sind, wie sie traditionell in den Familien zubereitet wurden und immer noch werden. Authentisch heißt aber nicht nostalgisch verklärt. Auch diese Rezepte haben sich entwickelt und tun es noch. Deshalb gibt es oft nicht die einzig wahre traditionelle Zubereitung. Man wird vielmehr auf der Insel auch Varianten finden. Manchmal haben sich diese sogar von Dorf zu Dorf und von Stadt zu Stadt ausgebildet.

Wer im Urlaub auch kulinarische Erlebnisse sucht, kann sich mit diesem Buch auf seine Sardinienreise vorbereiten. Auf der Insel weiß er oder sie dann schon mehr über das, was auf der Speisekarte angeboten wird, oder kann, beim Urlaub in einer Ferienwohnung mit eigener Küche, auch mal ein landestypisches Gericht selbst ausprobieren. Wer auf der Insel Urlaub gemacht hat, kann mithilfe des Buches das eine oder andere kulinarische Highlight später nacherleben. Denn die Rezepte sind so ausgewählt und beschrieben, dass sie auch zuhause nachgekocht werden können. Das ist manchmal nicht ganz einfach, weil man bestimmte Zutaten außerhalb Sardiniens nur in speziellen Geschäften oder über den Versandhandel besorgen kann. Allerdings hat der Internetversandhandel mittlerweile die Bezugsmöglichkeiten deutlich erweitert.

Bei den Zutaten, die wirklich nur schwer oder gar nicht zu bekommen sind, ist im Buch beschrieben, wodurch sie ersetzt werden können. So gibt es in nördlichen Gefilden zum Beispiel keinen wilden Fenchel. In manchem Rezept ist er deshalb – sofern es ohne eine zu große Veränderung des Geschmacks möglich ist – durch kultivierten Fenchel ersetzt worden.

Doch leider ist ein solcher Ersatz von typischen Zutaten nicht immer möglich. Deshalb fehlen einige Rezepte, die ich gerne aufgenommen hätte, weil sie so typisch sind für die sardische Küche. So fehlt das „Pollo al mirto", das mit Myrtenzweigen aromatisierte, gekochte Huhn. Aber frische Myrte ist nun mal beim besten Willen im Norden nicht zu bekommen. Und auch auf der Insel ist es für einen Urlauber nicht einfach, sie zu finden. Oder es fehlt ein Rezept mit den kleinen Schnecken, die überall auf der Insel gesammelt und zubereitet werden. Heimische Weinbergschnecken sind dafür einfach kein Ersatz.

Meist sind diese fehlenden Rezepte aber zumindest erwähnt oder allgemein beschrieben. So etwa die leckeren Gerichte, die aus den Innereien von Milchlämmern oder -zicklein gemacht werden. Oder die vielen einfachen Hirtenspeisen, für die man bestimmte Sorten von jungem Schafskäse braucht, die selbst in den Supermärkten auf der Insel meist nicht zu bekommen sind.

Ganz bewusst habe ich auf die Rezepte für das sardische Süßgebäck, die berühmten und sehr leckeren „Dolci sardi" verzichtet. Diese bilden eine Welt für sich, die so vielfältig und reichhaltig ist, dass sie den Umfang dieses Buches gesprengt und ein eigenes Buch verdient hätten.

Mit der Auswahl der Rezepte gebe ich einen Überblick, der nach Möglichkeit die wichtigsten Gerichte der Insel berücksichtigt und auch die unterschiedlichen Regionen Sardiniens, die alle ihre ganz besonderen Spezialitäten zu bieten haben. Da ich selbst aber an der Westküste begonnen habe, die sardische Küche kennen zu lernen und das Glück hatte, dort und in der Hauptstadt Cagliari viele Freunde zu finden, die gerne landestypisch essen (und oft auch kochen), sind die Gerichte der Westküste und der Hauptstadt sicherlich besonders stark vertreten.

Sollte jemand ein für die Inselküche wesentliches Rezept vermissen oder Fragen, Kritik oder Anmerkungen zu einzelnen Rezepten haben, möge er mir eine E-Mail schreiben (cucina.sarda@sardoro.de). Ich würde mich freuen.

Ich wünsche viel Vergnügen mit diesem Buch – beim Lesen und beim Nachkochen der Rezepte.

Hans-Peter Bröckerhoff

Hans-Peter Bröckerhoff, der Autor dieses Buches, ist Journalist und Kommunikationsberater in Frankfurt am Main und Mitglied von Slow Food Oristano.

Die Rezepte sind für vier Personen gedacht.
Die Mengenangaben sind in der Regel Richtwerte, die nicht unbedingt auf das Gramm oder den Milliliter genau zu beachten sind. Wie so oft in der Mittelmeerküche kommt es mehr auf die Qualität der Zutaten, als auf die genaue Menge an. In vielen Kochbüchern zur traditionellen sardischen Küche sind deshalb auch nur grobe oder gar keine Mengenangaben enthalten.

Brot (Weißbrot) ist immer auf dem Tisch.
In Sardinien (wie in ganz Italien aber anders als in heimischen Restaurants) bleibt das Brot auch zu den Hauptgängen auf dem Tisch.

Salz heißt immer Meersalz.
Auf der Insel, wo es eine Reihe von Salinen gibt und Meersalz deshalb sehr günstig zu bekommen ist, kocht so gut wie niemand mit Steinsalz. Wenn beim Nachkochen der Rezepte zuhause Stein- statt Meersalz verwendet wird, muss beachtet werden, dass Steinsalz stärker würzt.

Olivenöl meint immer Olio extra vergine.
In Sardinien wird reichlich und vor allem sehr gutes Olivenöl produziert. Viele Familien habe eigene Olivenbäume und deshalb auch eigene Ölvorräte. Oder sie kaufen gutes Öl bei Verwandten oder Bekannten zu verträglichen Preisen.

Wasser und Wein gehören auf jede Tafel.
Früher war der Tischwein fast immer ein einfacher roter, der auch zu Fisch getrunken wurde. Heute wird zunehmend auch Weißwein getrunken und insgesamt auch mehr auf die Qualität geachtet.

Die Speisenfolge folgt der der klassischen italienischen Küche.
Den Anfang machen (zumindest bei größeren Essen) die Antipasti (eine oder auch mehrere Vorspeisen), dann folgt das Primo (Pasta, Suppe etc.), das Secondo (Hauptgang) mit den Verdure (Gemüsebeilagen), evtl. ein Käsegang (nicht bei Fisch als Hauptgang), Obst der Saison (gehört immer dazu) und zum Abschluss gibt es (nicht immer aber oft) noch Dolci sardi, entweder Kuchen oder Plätzchen.

Pane carasau, mit gutem sardischen Olivenöl beträufelt, mit Salz bestreut und im Backofen erwärmt, wird zu knusprigem „pane guttiau". Dieses wird manchmal schon vor dem Essen auf den Tischgestellt und dient als kleiner Appetitanreger.

Die sardische Küche
Einblicke in eine kulinarische Welt

Was ist das Typische an der sardischen Küche? Diese Frage ist nicht mit wenigen Worten nicht zu beantworten. Das Typische, wenn es um Essen und Trinken geht, drückt sich in Sardinien nicht nur in einigen ganz besonders eigenständigen Gerichten und in der einen oder anderen speziellen Zubereitungsart aus, sondern hat viele verschiedene Aspekte. Diese erschließen sich dem Urlauber nicht sofort oder bleiben ihm sogar weitgehend verborgen. Dies gilt besonders, wenn er sich überwiegend in seinem Hotel oder Resort bewegt, vielleicht sogar mit „all inclusive"-Verpflegung, auch wenn es auf der Speisekarte oder am Buffet einige typische Gerichte gibt.

„Die wirklich typischen Dinge eines Ortes sind die, die die Leute zu Hause für sich kochen", schreibt die sardische Schriftstellerin Michela Murgia in ihren Buch „Elf Wege über eine Insel" (Wagenbach, 2012) und fährt fort: *„Bis vor sechzig Jahren war auf Sardinien, wie in allen anderen landwirtschaftlich geprägten Wirtschaftssystemen, das Typische vor allem der Hunger, der mit einfachen und ärmlichen Gerichten besänftigt wurde, auf Basis von Gemüse und sehr viel seltener mit Delikatessen wie Fisch, Fleisch und Süßigkeiten, die heute das tägliche Menü von Restaurants und Agriturismi bestimmen. Ein Überbleibsel dieser Erinnerung an den Hunger ist sicher die Gewohnheit, jetzt, wo die Möglichkeit da ist, überproportional viel Essen auf den Tisch zu bringen, wie es die sardischen Hausfrauen tun, nach dem Motto: Meglio che ne avanzi piuttosto che ne manchi (Lieber zu viel als zu wenig)."*

Die Vielzahl und die Fülle von Speisen und Getränken, die – erst recht wenn Gäste da sind – auf den Tisch kommen, haben auch mit der immer noch großen Gastfreundschaft zu tun, für die die Sarden bekannt sind. Diese ist besonders ausgeprägt, wenn es um essen und trinken geht, und und vereint sich mit einem anderen Erbe aus der Zeit der Armut. Michela Murgia schreibt dazu: *„Die lange Zeit der Armut hat bei den Sarden eine rituelle Einstellung zum Essen zurückgelassen, die dem unabdingbaren Gebot des Teilens gehorcht. Alles Essen im Haus wird geteilt, immer und ganz selbstverständlich, mit jedem, der vorbeikommt."*

> **„Die wirklich typischen Dinge eines Ortes sind die, die die Leute zu Hause für sich kochen."**
> Michela Murgia

Vor diesem Hintergrund wird verständlich, dass für die Sarden essen nicht nur Nahrungsaufnahme ist, es ist etwas besonders, etwas wichtiges und vor allem etwas verbindendes. Ein Essen mit Gästen, ob Fremde, Freunde oder Verwandte, ist immer ein Fest. Und an einem Festtag gibt es immer auch ein gemeinsames Essen.

Mehr als eine italienische Regionalküche

Die sardische Küche ist mehr als nur eine regionale Ausprägung der italienischen Küche. Einerseits hat sie nach mehreren Jahrhunderten Anbindung an den „continente", wie die Sarden das italienische Festland nennen, eine Reihe von Merkmalen der italienischen Küche angenommen. Die Speisenfolge mit der großen Bedeutung des primo piatto, des ersten Gangs, ist so ein Merkmal. In Sardinien besteht der erste Gang in der Regel aus einem Pastagericht oder einer minestra, einer Suppe, in der Hülsenfrüchte oder jahreszeitliche Gemüsesorten verarbeitet wurden. Zwar gibt es auch Reisgerichte, die aber (obwohl in Sardinien heute sogar Reis angebaut wird) selten auf den Tisch kommen. Dass in Sardinien die Antipasti und die Desserts traditionell keine große Rolle spielten (was sich mit dem gewachsenen Wohlstand in den letzten Jahrzehnten geändert hat) schränkt jedoch die Ähnlichkeit schon wieder ein.

Ein anderes Merkmal ist sicherlich die hohe Bedeutung, die der materia prima, den Ausgangsprodukten beigemessen wird. Wie in der italienischen Küche insgesamt müssen auch in Sardinien die Produkt möglichst frisch und vor allem von hoher Qualität sein. Für besonders gute Produkte nimmt man auch schon mal einen etwas längeren Weg in Kauf oder zahlt auch gerne mal etwas mehr. Viele Sarden haben zudem noch ihre Bezugsquellen direkt beim Erzeuger, nicht selten bei Verwandten oder Bekannten.

Andererseits gibt es Faktoren, die die besondere Eigenständigkeit der sardischen Küche erklären. Nicht zuletzt gehört dazu die Tatsache, dass die Insel über die Jahrhunderte zahlreiche Eroberer und Fremdherrschaften erdulden musste, die alle auch in der Küche der Insel ihre Spuren hinterlassen haben. Insbesondere die lange Herrschaft der Spanier ist da zu nennen, aber auch die afrikanischen Einflüsse, die Mauren und Sarazenen einbrachten. Ein weiterer Faktor ist die Insellage selbst. Sie verhinderte einen starken Austausch und förderte eigenständige Entwicklungen.

Und schließlich ist auch die schon angesprochene besondere Armut der Insel zu nennen. Diese prägt die Küche Sardiniens mehr als in den meisten anderen Regionen Italiens. Anderswo wurde die Esskultur auch oder sogar insbesondere durch den Adel und die reichen Bürgerhäuser beeinflusst. Die sardische Küche nicht. Sie blieb immer eine Küche der „einfachen Leute" und ist deshalb einfach im doppelten Sinne. Sie greift meist auf einfache Zutaten, die in den Häusern der Hirten, Bauern und Fischer vorhanden waren, zurück und hat in der Regel auch einfache, wenig komplexe oder gar kunstvoll differenzierte Zubereitungsarten, für die man wenig Aufwand und auch keine Bediensteten brauchte. Das Ergebnis dieser Entwicklung ist, dass sardische Gerichte fast immer durch den Eigengeschmack der Zutaten überzeugen und nicht durch die Raffinesse der Zubereitung.

Auch dass fast alles, was Feld, Wald und Stall anbieten, verwertet wird, ob Innereien, wild wachsendes Gemüse, selbst gesammelte Schnecken, altes Brot oder gar verdorbener Käse, wie das Beispiel des heute berühmten casu marciu, des Käses mit lebenden Maden, zeigt, ist vor dem historischen Hintergrund einer aus Armut und Mangel entstandenen Esskultur verständlich. (Unter dem Titel „Bizzare foods – Sardinia" ist bei YouTube ein Video des amerikanischen Journalisten Andrew Zimmerman zu finden, das solche Gerichte vorstellt.) Und schließlich gibt es viele Gerichte, die dadurch geprägt sind, dass Lebensmittel für längere Zeit haltbar gemacht werden mussten – zum Beispiel durch Essig oder durch Salz. Diese, wie zum Beispiel die Fische „a scabecciu", sind heute in Zeiten von Kühlschrank und Tiefkühlfach nicht in Vergessenheit geraten, sondern zu eigenständigen, immer noch gern gegessenen Gerichten geworden. All das, die Konzentration auf das Wesentliche, die Vielfalt ungewöhnlicher Zutaten und viele traditionelle Zubereitungsarten, trägt heute sicherlich mit zur großen Attraktivität der Inselküche bei.

Reichlich Fisch – aber nur an den Küsten

Die sardische Küche ist eine Fleischküche – sagt man. Und das stimmt auch; denn schon einige Kilometer vom Meer entfernt kommt Meeresgetier meist nicht mehr auf den Tisch. Dennoch hat die Insel eine reichhaltige Fischküche hervorgebracht. Die Menschen an den Küsten nämlich lieben alles, was das Meer ihnen bietet. Insbesondere die Cagliaritaner zeigen das durch viele Rezepte, die in der Inselhauptstadt ihren Ursprung haben. Und die wunderbaren Fischmärkte, die die Stadt beherbergt, allen voran der San Benedetto, sind ein weiterer Beweis für diese Liebe. Auch in den anderen Städten und Dörfern an den Küsten der Insel gehören Fisch und Meeresfrüchte zum kulinarischen Alltag. Carloforte, Marceddì, Oristano, Cabras, Bosa, Alghero, Olbia – all diese Orte sind für viele Feinschmecker mit

Die Vielfalt des Fischangebots wird in der Fischabteilung des Mercato San Benedetto in Cagliari, die eine ganze Etage umfasst, besonders deutlich.

Rezepten oder speziellen Zutaten zur vielfältigen sardischen Fischküche verbunden.

Bei der Zubereitung gilt auch hier das Prinzip "einfach und gut". Nicht in herrschaftlichen Häusern angestellte Köche, sondern Fischer und andere einfache Leute von der Küste haben die traditionelle Fischküche der Sarden geprägt. In der Regel sind die Rezepte unkompliziert und auf die Betonung des Eigengeschmacks der Fische und Meeresfrüchte ausgerichtet. So verwundert es nicht, dass das Garen der Fische über der heißen Holz- oder Holzkohlenglut bis heute zu den beliebtesten Zubereitungsarten gehört. Diese - meist den Männern vorbehaltene Form der Essenszubereitung - verbindet zudem die Fischküche mit der traditionellen Fleischküche der Insel, in der Feuer und Glut ebenfalls eine herausragende Rolle spielen.

Ebenfalls dem Prinzip „einfach und gut" gehorcht die Forderung, dass alles, was aus dem Meer kommt, frisch und von ausgezeichneter Qualität sein muss. Viele Sarden haben deshalb auch ein besonders „gutes Auge" für die Qualität von Fisch und Meeresfrüchten und oft auch Händler, denen sie vertrauen, die ihnen garantieren, dass Frische und Qualität stimmen.

Unter den Fischrezepten der Insel gibt es viele, die denen anderer Regionen Italiens ähneln. Sie haben sich parallel entwickelt oder wurden im Laufe der Jahrhunderte adaptiert und der sardischen Küchentradition angeglichen. Aber es gibt auch viele Rezepte, die sehr eigenständig und einzigartig sind. Die Namen Burrida, Merca oder Pilao stehen zum Beispiel für solche durch und durch sardischen Gerichte.

Fleisch – die eigentliche Liebe

Trotz dieser Vielfalt an Fischgerichten essen die Sarden besonders gerne Fleisch – auch die Küstenbewohner. Dabei spielen Lamm, Zicklein und Schaf eine besondere Rolle, was nicht verwundert, bei gut fünf Millionen Schafen und Ziegen (die den deutlich geringeren Teil ausmachen) auf der Insel. Für Lamm gibt es denn auch vielfältige Zubereitungsarten. Wenn es nicht am offenen Feuer gegrillt wird (was beim Zicklein fast immer der Fall ist), wird es mit den Knochen in Stücke gehackt, die dann angebraten und auf unterschiedliche Weise weiterverarbeitet werden.

Lammkotelett oder große Lammkeulen, wie wir sie zuhause kennen, bekommt man in Sardinien nicht. Dafür sind die Lämmer viel zu klein, denn sie werden schon sehr jung geschlachtet, oft noch als Milchlämmer. So gibt es Lammfleisch auch nur im Winter und im Frühjahr, wenn die Schafe lammen, zu kaufen. In dieser Zeit aber sind die sardischen Lämmer so zart und wohlschmeckend, dass sie mittlerweile weit über die Insel hinaus vermarktet werden. Im Sommer und Herbst wird statt Lamm dann (aber bei weitem nicht so häufig) Schaffleisch gegessen, das meist in der Brühe gekocht oder auch als Schmorgericht zubereitet wird.

Schweine werden in Sardinien meist schon als Milchschweinchen geschlachtet. Das Porceddu arrostu, das Spanferkelchen am Spieß gegrillt oder im Ofen gegart, ist so etwas, wie das Nationalgericht der Sarden. Es steht heute auf den Speisekarten der meisten sardischen Restaurants. Die Schweinchen dafür müssen weitgehend vom Festland oder von noch weiter her importiert werden; denn auf der Insel gibt es traditionell keine Massenproduktion von Schweinen. Schweine liefen früher (und in manchen Regionen auch heute noch) halbwild und relativ frei auf den Weiden und in den Buschlandschaften herum und wurden, wenn sie nicht als Spanferkelchen endeten, vor allem zu Wurst, Schinken

Vor den Festtagen ist das Angebot an Schweinchen, Lamm und Zicklein besonders groß, wie hier am weihnachtlich geschmückten Stand im Mercato San Benedetto in Cagliari zu sehen.

und vielen anderen Produkten (zum Beispiel pancetta (Dörrfleisch) oder mustela (gesalzenes und getrocknetes Kotelett-Fleisch) verarbeitet, die lagerfähig waren und so übers Jahr hin verbraucht oder auch verkauft werden konnten. Die Tradition, ausgezeichnete Würste und Schinken zu machen, ist bis heute nicht verloren gegangen und wird heute sogar wieder vermehrt gepflegt.

In die Pfanne oder den Kochtopf kam und kommt das ganze Jahr über Rind-, Geflügel-, Kaninchen- und auch Pferdefleisch. Letzteres wird auf der Insel noch gerne gegessen, oft als großes Kotelett (gran premio) gegrillt. Auch Wild wird sehr gerne gegessen; denn viele Sarden sind passionierte Jäger. Meist kommt Wildschwein auf den Tisch, das in den sardischen Wäldern reichlich vorkommt. Hirsch und Mufflon sind strikt geschützt und auch die traditionell so beliebten Drosseln dürfen nur noch sehr eingeschränkt gejagt werden. Auch Rebhühner, Enten und Hasen, die früher reichlich geschossen wurden, kommen nicht mehr oft auf dem Tisch, da ihr Bestand deutlich zurückgegangen ist.

Käse – frisch, gereift oder auch „verdorben"

Prägend für die sardische Küche ist auch der Käse – ob als Bestandteil vieler Gerichte oder als Lebensmittel an sich. Bei der großen Zahl an Schafen ist nicht verwunderlich, dass der Pecorino sardo der wichtigste Käse der Insel ist. Der weitaus größte Teil der Schafsmilch wird zu Pecorino romano in Formen vom mindestens 20 Kilo verarbeitet – allerdings nur für den Export vor allem nach Nordamerika. Der Pecorino sardo dagegen kommt in Formen von ca. drei Kilo in den Handel und wird in zwei Reifestufen angeboten. In gereifter Form („stagionato") wird überall dort eingesetzt, wo geriebener Käse zum Rezept gehört. Für den Käsegang nach dem Essen wird meist der jüngere Pecorino gewählt. Auch ein „misto" (meist aus Schafs- und Kuhmilch, aber auch aus Schafs- und Ziegenmilch) oder auch eine reiner Ziegenkäse passt gut auf die Käseplatte.

Ob vom Schaf oder von der Ziege, Käse gibt es in Sardinien großer Vielfalt an unterschiedlichen Sorten und Ausprägungen. Die sardische Land-

Schafe und ihre Milch, die zum begehrten Pecorino verarbeitet wird, sind ein wichtiger Wirschaftsfaktor Sardiniens.

wirtschaft hat zudem auch einige typische Käse aus Kuhmilch hervorgebracht, wovon vor allem der Casizzolu aus dem Gebiet des Montiferru zu erwähnen ist, den Slow Food in die Liste der „presidi", der besonders nachhaltig produzierten landwirtschaftlichen Produkte aufgenommen hat. Bei all dem Reichtum an Käsesorten fällt alerdings auf, dass Weichkäsearten in Sardinien keine Rolle spielen.

Der schon erwähnte casu marciu (was nicht anderes als verdorbener Käse heißt) ist eine sardische Besonderheit, die weit über die Insel hinaus bekannt ist. Schließlich ruft dieser Käse, der voller noch lebender Maden ist, auf den ersten Blick meist Abneigung oder gar Ekel hervor und man fragt sich, wie man ihn nur essen kann. Aber man kann – mit großem Genuss sogar. Denn die Maden haben den Käse (meist ein Pecorino) in eine cremige, sehr intensiv schmeckende Masse „umgewandelt". Da der casu marciu nicht offiziell im Handel ist, wird ein Urlauber normalerweise gar nicht in die Versuchung kommen, ihn zu probieren. Wer aber das Glück hat, in einem Privathaus diesen außergewöhnlichen Käse probieren zu können, der sollte sich überwinden und es tun. Es lohnt sich.

Brot – erstaunliche Vielfalt der Formen

Brot hat in Sardinien eine fast mystische Bedeutung. Bei einem Essen auf Brot zu verzichten, ist undenkbar. Es begleitet alle Gänge und wird traditionell nicht in Körbchen oder sonstigen Behältnissen aufgetischt, sondern direkt auf dem Tisch verteilt. Anders als in vielen Mittelmeerkulturen üblich, gibt es in Sardinien eine Vielfalt an Brottypen. Sie unterscheiden sich in der Wahl der Mehlsorte, durch die Herstellungsart und vor allem durch ihre Form. Die Formenvielfalt ist erstaunlich und reicht bis zu künstlerisch ornamentalen Ausprägungen.

Unter allen Brotsorten Sardiniens ist das runde Pane carasau das bekannteste. Es wird auf traditionelle Weise zweimal im Holzofen gebacken

Das berühmteste sardische Brot ist mittlerweile das Pane carasau, wegen seiner dünnen runden Form italienisch auch „carta di musica", Notenblatt, genannt. Es ist ein doppelt gebackenes Brot, das die Hirten, als sie noch für viele Tage, teils sogar Wochen mit Ihren Herden in den Bergen blieben, mitnehmen konnten, ohne dass es verdarb. Die Herstellung dieses Brotes war Frauensache und wurde in einem traditionellen Arbeitsrhythmus hergestellt, den der sardische Schriftsteller Marcello Fois in einem seiner vor gut hundert Jahren in Nuoro spielenden Krimis (deutsch bei Diana) so beschreibt: „Der Backofen ist niedrig, damit man nicht im Stehen arbeiten muss. Raimonda sitzt davor, ein Tuch über der Schulter, Schweißperlen auf der Stirn. Sie schiebt die kreisrunden Fladenbrote in den Ofen, ihr Gesicht ist konzentriert, aber nachdenklich. Sobald der Teig wie ein Ballon aufgeht, zieht sie die Brote aus dem glühenden Rachen und legt sie auf einen langen Tisch. Eine andere Frau schneidet die Fladen auf, die dritte schichtet die weichen, gleich großen Teigplatten übereinander, walzt sie für den zweiten Backgang platt und legt ein Holzbrett mit Gewicht darauf. Die Frauen arbeiten und flüstern, aber es ist, als ob keine ein Wort spräche. Jetzt werden die dünnen weichen Brotplatten wieder in den Ofen geschoben, zum zweiten Mal gebacken und landen einen Augenblick später wieder auf dem Tisch, diesmal knusprig."

Wein – von der Masse zur Qualität

Und noch etwas darf bei einem sardischen Essen nicht fehlen: Wein. Früher haben viele Familien selbst Wein angebaut und hergestellt oder bekamen ihn günstig bei Verwandten oder Bekannten. So war es einfach üblich, dass mittags und abends zum Essen Wein getrunken wurde. Der war nicht immer von hoher Qualität, aber doch meist recht gut trinkbar. Ähnliches galt auch für einen Großteil der Weine, die die sardischen Winzer herstellten. Bis vor einigen Jahrzehnten wurde auf der Insel vor allem Massenwein produziert – für den täglichen Konsum auf der Insel oder für den Export aufs italienische Festland oder ins Ausland, wo er oft zum Verschnitt heimischer Weine benutzt wurde.

Heute sieht die sardische Weinlandschaft ganz anders aus. Zwar produzieren die sardischen Winzer für den täglichen Konsum auf der Insel immer noch auch einfachen Wein, aber selbst der ist heute meist von guter Qualität. Darüber hinaus gibt es mittlerweile eine Vielzahl sehr guter und exzellenter sardischer Weine. Wie in anderen südlichen Regionen Italiens auch haben die Weine der Insel einen regelrechten Qualitätssprung gemacht. Durch konsequente Reduzierung der Mengen, moderne Ausbaumethoden und viele andere Maßnahmen, vor allem dem Einsatz fähiger Önologen, haben sich eine Reihe von Weinbaubetrieben mittlerweile weit über die Insel hinaus nationale und internationale Anerkennung erarbeitet. Dafür stehen große Namen wie Argiolas, Capichera, Cherchi, Contini, Pala, Santadi oder Sella Mosca (die größte, mittlerweile zu einem internationalen Konzern gehörende, sardische Kellerei). Aber auch die anderen Winzer der Insel setzen in der Regel auf Qualität und bieten teils hervorragende Weine an.

Bei den Weinsorten Sardiniens dominieren zwei Reben: der rote Canonau (eine sardische Ausprägung der Grenache-Rebe) und der weiße Vermentino. Letztere ist ein leichter (wobei auch hier typisch für den Süden teils hohe Alkoholgrade zu verzeichnen sind), fruchtiger, teils blumiger Wein, der ausgezeichnet zu Fisch und Meeresfrüchten passt. Der Canonau war oft schwer und robust, ist aber mittlerweile durch die Kunst der modernen Önologen, meist runder und eleganter geworden. Er passt zu den meisten Fleischgerichten der Insel und natürlich auch zum starken Geschmack eines Pecorino oder Caprino. Neben diesen beiden Reben gibt es noch einige typische Rebsorten. So zum Beispiel die Caringiano-Rebe, aus der teilweise Spitzenweine gekeltert werden, oder die ursardische und ebenfalls rote Monica-Rebe und die ebenfalls ursardische weiße Nuragus-Rebe. Und nicht zu vergessen: die Rebe des Vernaccia di Oristano. Dieser ganz besondere Wein ist für die sardische Küche auch als Zutat nicht wegzudenken. Er wird deshalb auf den beiden folgenden Seiten ausführlich vorgestellt.

Die Geschmäcker der Insel

Neben dem Tourismus sind die landwirtschaftlichen Produkte, die die sardische Küche prägen, heute ein wichtiges Standbein der sardischen Wirtschaft. Deshalb sind mittlerweile auch auf der Insel in der „kulinarischen Welt" oft auch ökonomische Interessen unterwegs und manches Urspüngliche wird den Gesetzen moderner Ökonomie geopfert. Aber die Liebe der Sarden zu ihrer traditionellen Küche und der Stolz auf ihre heimischen Produkte sind so groß, dass man auf der Insel immer noch viel von der eigenständigen Küche Sardiniens erleben kann. Michela Murgia rät denn auch ihren Lesern: „Man kann sich also ruhig auf die Suche nach den Geschmäckern der Insel begeben, doch man sollte dabei nicht aus den Augen verlieren, dass Essen für die Sarden vor allem Willkommensgruß und gemeinschaftliches Erlebnis ist, und erst an zweiter Stelle, möglicherweise, business." Dem ist nichts mehr hinzuzufügen.

Neben den herrlichen Küsten und und Stränden gibt es auch vieles andere, was eine Reise auf die Insel lohnt, etwa archäologische Stätten wie die phönizisch/römische Stadt Tharros (r. im Bild) oder eben auch die noch eigenständige Küche der Sarden.

Vernaccia di Oristano
Ganz Wein und doch viel mehr

Der sardische Vernaccia ist mehr als ein normaler Wein (und nicht zu verwechseln mit seinem Namensvetter aus dem toskanischen San Gimignano). Sein außergewöhnlicher Geschmack, seine Stärke sowie die Art und die Anlässe, ihn zu genießen, veranlassen viele, ihn den „sardischen Sherry" zu nennen. Auch sein Reifeprozeß in Eichen- oder Kastanienfässern, mit der typischen Florbildung, ähnelt dem des Sherry. Und doch ist er purer, natürlicher Wein, gereift ohne jede Alkoholzugabe, wie sie beim Sherry üblich ist.

Der, je nach Alter, goldgelbe bis bernsteinfarbene Vernaccia di Oristano hat ein intensives, sehr charakteristisches Bukett, in dem der Duft der Mandelblüte mitschwingt. Im Geschmack ist er kraftvoll und trocken, doch zugleich warm, samtigweich und harmonisch. Er hat einen langen Abgang und einen ausgeprägten Nachgeschmack, der leicht an Bittermandel erinnert. Sein natürlicher Alkoholgehalt liegt bei ca. 14,5-16 Prozent, sein Restzuckergehalt in der Regel unter 1,5 Gramm pro Liter und sein Säuregehalt bei 5,5 - 6 Promille. Vernaccia di Oristano gewinnt mit zunehmendem Alter an Reife und Güte, ist außerordentlich lange lagerfähig und behält auch nach dem Öffnen der Flasche noch lange seine hohe Qualität.

Aperitif, Dessert, Geselligkeit, Meditation ...

Es gibt viele Anlässe und Gelegenheiten, einen Vernaccia di Oristano zu genießen. Er wird dabei stets aus kleinen Gläsern und meist ungekühlt getrunken. Wie der Sherry ist auch der Vernaccia ein ausgezeichneter Aperitif vor einem guten Essen. Dann wird er gekühlt serviert. Als älterer Jahrgang ist er ein klassischer Dessertwein, zu dem besonders Mandelgebäck sehr gut passt. Und schließlich ist er ein wirklicher „vino da meditazione" für besondere Mußestunden.

Als normaler Tischwein allerdings wird er (bis auf wenige Ausnahmen) nicht getrunken. Als Wein zum Kochen jedoch ist er aus der sardischen Küche nicht wegzudenken. Vernaccia di Oristano passt als Zutat zu so manchem Rezept, wie in diesem Kochbuch an vielen Stellen nachzulesen ist.

In den letzten Jahrzehnten ist der Konsum von Vernaccia in Sardinien kontinuierlich zurückgegangen, weil die jüngeren Sarden als Aperitif oder bei ihren geselligen Treffen in den Bars oft einen frischen Weißwein bevorzugen oder zum Bier greifen. Deshalb haben einige Produzenten begonnen, aus der Vernacciatraube auch modern ausgebauten Weißwein herzustellen. So auch der bekannteste und auch international vertreibende

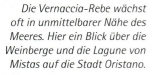

Die Vernaccia-Rebe wächst oft in unmittelbarer Nähe des Meeres. Hier ein Blick über die Weinberge und die Lagune von Mistas auf die Stadt Oristano.

Produzent, die Cantina Contini in Cabras. Mit dem Karmis genannten Weißwein, der weitgehend aus der früh gelesenen Vernacciatraube hergestellt wird, bietet Contini seit einigen Jahren einen der besten Weißweine der Insel an.

Traditionsreich, einzigartig und legendär

Seit alters her wird die Vernaccia-Rebe im weiten Tal des Tirsoflusses auf speziellem Boden, in der Nähe des Meeres und großer, salzreicher Lagunen angebaut. Die ältesten Belege dafür reichen beinahe tausend Jahre zurück. Seinen eigentlichen Ursprung vermuten manche Experten sogar in der phönizisch-römischen Niederlassung Tharros, der antiken Vorgängerin der heutigen Provinzhauptstadt Oristano.

Vernaccia di Oristano wird bis heute nach strengen, traditionellen Regeln produziert. Versuche, das Anbaugebiet auf andere sardische Gegenden auszudehnen sind stets gescheitert. Der sardische Vernaccia ist ein einzigartiger und, im Vergleich zu vielen anderen berühmten Weinen, rarer Tropfen geblieben. Als erstem sardischen Wein wurde ihm 1971 das Recht zuerkannt, die Bezeichnung „Denominazione di Origine Controllata" (DOC) zu tragen.

Über die Entstehung des Vernaccia erzählen die Menschen um Oristano eine alte Legende: Als vor langer, langer Zeit die heilige Giusta das Elend der malariaverseuchten Gegend an der Mündung des Flusses Tirso sah, weinte sie bitterlich. Wo ihre Tränen zu Boden fielen, wuchsen Weinstöcke. Diese brachten einen goldenen, kräftigen Wein hervor, der wie eine Medizin dabei half, das Malariafieber zu lindern. Heute ist die Malaria in Sardinien überwunden und der Vernaccia dient nicht mehr als „Medizin". Als besonderer Genuss steigert er jedoch weiterhin das Wohlbefinden und erhöht die Lebensfreude.

In den Kellern der Cantina Contini, des bekanntesten Vernaccia-Erzeugers, findet man neben großen auch einige kleine Eichenfässer. Diese werden mit besonders guten Jahrgängen immer wieder aufgefüllt. So entsteht eine außergewöhnliche Rarität: Ein hochintensiver „vino da meditazione", ein Verschnitt dessen Anfänge viele Jahrzehnte zurück reichen.

Antipasti

Vorspeisen aus dem Meer und vom Lande

Cozze fritte, Rezept auf Seite 21

Hauptgerichte werden zu Vorspeisen

Da die sardische Küche stark durch das einfache Leben der Hirten und Bauern geprägt wurde, hat sie keine große Vorspeisenkultur entwickelt. Traditionell spielen deshalb Vorspeisen in Sardinien keine große Rolle - nicht nur im Landesinnern, wo außer Wurst, Schinken, Oliven und in Öl konserviertem Gemüse (s.u.) fast gar keine besonderen Vorspeisen bekannt waren, sondern auch an den Küsten. Zwar kamen hier Bottarga und verschiedene Meeresfrüchte auch früher schon bei besonderen Anlässen als Appetitanreger auf den Tisch. Aber eine richtige Vorspeisenkultur gab es auch hier nicht.

Mittlerweile allerdings gehören Antipasti durchaus auch zu den sardischen Essgewohnheiten. Zu dieser Entwicklung haben der wachsende Einfluss der italienischen Esskultur und sicher auch ein insgesamt gestiegener Wohlstand beigetragen. Vor allem bei einem größeren Essen und erst recht bei einem festlichen Essen gibt es heute auch einen richtigen Vorspeisengang. Dieser muss nicht nur aus einem Gericht bestehen, sondern kann auch zwei, drei oder noch mehr unterschiedliche Gerichte umfassen. So wird die Vielfalt der Geschmacks- und Genussvarianten unterstrichen.

Der Mangel an traditionellen, eigenständigen Antipasti-Rezepten hat dazu geführt, dass sich einige Gerichte, die ursprünglich als Hauptgerichte (teils auch als Gemüsebeilagen) entstanden sind, zu Vorspeisen entwickelt haben oder dass sie heute sowohl als Haupt- als auch als Vorspeisen auf den Tisch gebracht werden. Deshalb sind die Rezepte dieses Kochbuches, die sich gut auch als Vorspeisen eignen, als solche gekennzeichnet. Dass dabei dann die normalen Mengenangaben für die Zutaten zu reduzieren sind, versteht sich von selbst.

Wenn dieses Zeichen neben einem Rezept steht, kann das Gericht auch als Vorspeise zubereitet werden.

Affettato di terra, olive, sott'olio ecc.
Wurst, Schinken, Oliven, eingelegte Gemüse etc.

Vor dem eigentlichen Essen gab es in der traditionellen Hirten- und Bauernküche, wenn es überhaupt etwas gab, ein wenig von dem, was man im Laufe des Jahres konserviert hatte. So wurde zum Beispiel Schinken und Wurst aufgeschnitten, nicht selten aus eigener Schlachtung. In Salzwasser eingelegte Oliven waren meist auch vorhanden. Zudem konservierten viele Hausfrauen unterschiedliche Gemüsesorten, die sie entweder im eigenen Garten angebaut oder auf Wiesen und Brachen gesammelt hatten. Diese Gemüse wurden auf meist sehr einfache Art zubereitet (gekocht oder gegrillt) und dann in Olivenöl oder Essigtunke eingelegt. Zu einem guten Essen wurden solche Vorräte als leckere und Appetit anregende Kleinigkeiten auf den Tisch gebracht und vor der Pasta gegessen. Manchmal kam auch noch ein Stückchen Käse dazu. In Restaurants in Sardinien (und auch in sardischen Restaurants zuhause) findet man heute teilweise ein „Antipasto di terra" auf der Speisekarte. Hinter diesem Namen verbirgt sich dann in der Regel ein Vorspeisenteller mit einer Auswahl der oben beschriebenen einfachen, aber meist köstlichen Speisen.

Tipp

Wer zuhause ein solches „Antipasto di terra" mit wirklich aus Sardinien stammenden Produkten zusammenstellen will, findet heute in den Lebensmittelabteilungen großer Kaufhäuser oder in manchem Feinschmeckergeschäft durchaus das eine oder andere sardische Produkt. Vor allem aber im Internet gibt es zunehmend Versender, die sardische Produkte anbieten.

Nach Belieben:
Schinken, Wurst, sonstige haltbar gemachte Teile vom Schwein oder Wildschwein
eingelegtes Gemüse
Oliven
evtl. etwas junger Käse

Bottarga
Fein geschnittene Scheiben vom Meeräschenrogen

100 g Bottarga
sehr gutes Olivenöl

Die Bottarga, auch "sardischer Kaviar" genannt, ist eine Spezialität des Fischerdorfes Cabras. Es ist der gesalzene und getrocknete Rogen von Meeräschen (in Sardinien muggine genannt). Diese werden seit Jahrhunderten im Stagno (der Lagune) von Cabras gefangen, wodurch sich Cabras zum Zentrum der Bottarga-Verarbeitung auf der Insel entwickelt hat. Bottarga pur als Vorspeise genossen ist eine ausgesprochene Delikatesse und ein guter Einstieg in ein Fischmenü: Der intensive und doch delikate Geschmack nach Meer bereitet den Gaumen auf die kommenden Köstlichkeiten vor.

- Die Bottarga von der dünnen Außenhaut befreien (das geht am besten mit einem Messer) und in dünne Scheiben schneiden.
- Olivenöl darüber gießen, vermischen und etwas durchziehen lassen.

Tipp

Für dieses und das folgende Rezept nimmt man am besten eine noch weiche, hellbernsteinfarbene Bottarga. Sie lässt sich besser in Scheiben schneiden und ist milder als eine dunklere, festere Bottarga, die gerieben und für Pastagerichte verwendet wird.

Bottarga con carciofi o sedano
Meeräschenrogen mit Artischocken oder Stangensellerie

100 g Bottarga
6 Artischocken
(oder 2 Selleriestangen)
sehr gutes Olivenöl
Salz
Zitronensaft

Zwei Gemüsearten ergänzen sich bestens mit der Bottarga. Es entsteht eine Geschmacksverbindung, wie sie besser nicht sein könnte. Im Winter verwendet man die kleinen stacheligen sardischen Artischocken (die es manchmal auch auf den heimischen Märkten zu kaufen gibt), im Sommer jungen, frischen Stangensellerie. Sowohl Artischocken als auch Stangensellerie haben jeweils einen starken Eigengeschmack. Dennoch oder gerade deshalb ergänzen sie den delikaten aber ebenfalls ausgeprägten Geschmack der Bottarga hervorragend. In Kombination mit einem guten Olivenöl entsteht so ein neues und eigenständiges Geschmackserlebnis.

- Mit einem scharfen Messer den Stiel der Artischocken abschneiden, dann die harten, äußeren Blätter entfernen, bis nur noch der weiche, frische Teil übrig ist. Davon den oberen harten Teil (ca. die Hälfte) abschneiden, sodass nur noch der Artischockenboden und der weiche untere Teil der Blätter übrig bleiben.
- Die Artischockenböden halbieren und das „Heu" in der Mitte vorsichtig entfernen. Die Hälften in ca. 2 bis 3 mm dicke Scheiben schneiden, diese in Zitronenwasser legen, damit sie nicht braun werden. Alternativ: Den Stangensellerie waschen, putzen und ebenfalls in dünne Scheiben schneiden.
- Die Bottarga von der dünnen Außenhaut befreien und in dünne Scheiben schneiden.
- Die Artischocken- oder Selleriescheiben mit der Bottarga und dem Olivenöl vermischen, salzen. Etwas ziehen lassen.

Tipp

Diese Vorspeise eignet sich auch für ein größeres Essen mit vielen Gästen, denn die doch recht teure Bottarga wird durch die Zugabe von Artischocken oder Stangensellerie etwas „gestreckt".

Bocconi
Gekochte Purpurschnecken

Die „bocconi" (italienisch „murici") genannten Meeresschnecken wurden in der Antike zur Purpurgewinnung verwendet, daher der deutsche Name. Früher kamen Purpurschnecken an den sardischen Küsten in großen Mengen vor. Inzwischen ist ihre Zahl dezimiert, aber mit ein wenig Glück sieht man noch welche beim Schnorcheln. Heute stammen diese Meeresschnecken meistens aus Zuchtbecken, sind aber ebenfalls eine Delikatesse, die zwar einfach zuzubereiten, aber gar nicht so einfach zu essen ist. Schon so mancher Feinschmecker hat beim Versuch, die gesamte Schnecke aus dem Gehäuse zu bekommen, genervt geseufzt.

- Die Schnecken waschen und eine halbe Stunde im Wasser ruhen lassen, damit sie evtl. noch vorhandenen Sand „ausspucken".
- Jetzt die Schnecken in kaltem, gut gesalzenem Wasser zum Kochen bringen. Sobald das Wasser anfängt zu sprudeln, mindestens 30 Minuten kochen lassen.
- Dann die Schnecken aus dem Wasser nehmen und mit etwas Kochwasser in eine Schüssel geben. Warm servieren.

Tipp
Bocconi isst man mithilfe von Metallstäbchen oder Zahnstochern. Dabei wird das Stäbchen so weit wie möglich unter das Operculum (den Deckel, mit dem die Schnecken ihr Gehäuse verschließen) geschoben und in das Schneckenfleisch gestochen. Dann zieht man das Schneckenfleisch vorsichtig heraus. Nicht selten bleibt dabei der von vielen als Delikatesse geschätzte Magen im Gehäuse zurück. Diesen kann man herausholen, indem man das Gehäuse zwischen Daumen und Zeige- sowie Mittelfinger nimmt und mit dem Handballen kräftig auf den Handteller der andern Hand schlägt.

ca. 40 Purpurschnecken
Salz

Cozze fritte
Frittierte Miesmuscheln

Obwohl dieses Gericht ein bisschen aufwändig in der Zubereitung ist, lohnt sich die Arbeit, vor allem, wenn man Muscheln einmal auf eine andere als die übliche Art probieren will.

- Die Muscheln waschen und den „Bart" entfernen
- Eiweiß steif schlagen. Das Mehl zuerst mit Salz und Wasser vermengen, dann den Wein dazu geben und glatt rühren. Das Eiweiß unterrühren, bis ein nicht zu dickflüssiger Teig entsteht. Diesen 30 Minuten ruhen lassen, dann etwas Olivenöl dazu geben und verrühren.
- Zwischenzeitlich die Muscheln in einem Topf ohne Zugabe von Wasser oder Öl auf großer Flamme öffnen. Die geöffneten Muscheln heraus nehmen (nicht geöffnete Muscheln wegwerfen) und etwas abkühlen lassen. Das Muschelfleisch aus der Schale lösen und beiseite stellen, einige Muschelschalen zu Dekorationszwecken behalten.
- Olivenöl in einer Pfanne erhitzen, die ausgelösten Muscheln in den Teig tauchen und dann ins heiße Öl geben. Mit zwei Gabeln mehrmals wenden, bis sie rundum goldbraun sind. Heraus nehmen und auf Küchenkrepp abtropfen lassen.
- Die frittierten Muscheln auf einer vorgewärmten Platte anrichten, dabei einige Muscheln zur Dekoration wieder in die Schale legen. Warm servieren.

Tipp
Wer – wie in Sardinien üblich – kein Olivenöl zum Frittieren verwenden möchte, kann auch ein anderes Öl nehmen (am besten eignet sich Erdnussöl). Dann etwas Olivenöl für den Geschmack dazu geben.

750 g Miesmuscheln
200 g Mehl
2 Eiweiß
100 ml Wasser
100 ml Weißwein
Olivenöl zum Frittieren
Salz

Frègula mit Arselle, Rezept Seite 27

Primi di Mare

Erster Gang aus dem Meer

Spaghetti alla Bottarga
Spaghetti mit Meeräschenrogen

500 g Spaghetti
80 –100 g Bottarga
sehr gutes Olivenöl
Salz

„Spaghetti alla Bottarga" gehört zu den wichtigsten Pastagerichten der Insel. Es ist einfachst zuzubereiten, einzigartig und zudem eine ausgesprochene Delikatesse. Es hat seinen Ursprung in Cabras, dem Zentrum der Bottargaherstellung auf Sardinien. Dort und in der engeren Umgebung gehört das Gericht heute noch zur Alltagsküche. Es wird aber überall auf der Insel gern gegessen. Und in vielen Restaurants steht es auf der Speisekarte, wobei allerdings manchmal statt der Rogen von der Meeräsche Rogen vom Tunfisch genommen wird. Das schmeckt zwar auch, aber nicht so gut. Und wirklich original ist das Gericht dann nicht mehr.

- Die Spaghetti wie gewohnt kochen. Gleichzeitig die Bottarga wie Käse reiben und 4 EL Öl in einem Topf erwärmen, dabei darauf achten, dass es nicht heiß wird. Die Hälfte der Bottarga in das warme Öl geben und ein wenig verrühren.
- Wenn die Spaghetti fertig sind, diese gut abtropfen lassen und in den Topf mit dem Öl und der Bottarga geben. Alles vermengen und dabei den Rest der Bottarga (nach Belieben auch etwas Salz) dazu geben. Sollten die Spaghetti noch zu trocken erscheinen, noch etwas kaltes Öl dazu geben und vermengen
- Das Ganze in eine möglichst vorgewärmte Schüssel geben und heiß servieren.

Tipp
Man findet auch Beschreibungen des Rezepts mit etwas Knoblauch und Petersilie, aber bei diesem Gericht empfiehlt es sich, auf alles zu verzichten, was den Geschmack der Bottarga und des guten Öls stören könnte.

Pasta coi ricci di mare
Nudeln mit Seeigelrogen

500 g Nudeln (zum Beispiel Spaghetti)
20 weibliche Seeigel (oder eine Dose mit Seeigeleiern)
4 EL sehr gutes Olivenöl
1 Knoblauchzehe
Blattpetersilie
Salz

Für die Menschen an Sardiniens Küsten ist dieses Gericht Teil ihrer lebendigen Tradition. Mit seinem feinen Geschmack nach Meer und seiner Ursprünglichkeit hat es inzwischen aber auch bei Städtern und Touristen viele Liebhaber gefunden. Die Seeigelpopulation ist aufgrund der gestiegenen Nachfrage heute stark dezimiert, die „Ernte" deshalb nur noch mit einer kostenpflichtigen Lizenz und in limitierter Zahl erlaubt. Es bleibt zu hoffen, dass sich der Seeigelbestand durch diese Maßnahmen wieder erholt.

- Die Seeigel mit der Schere oder einer Küchengabel an der Unterseite öffnen, die Eier mit einem Löffelchen herausholen und beiseite stellen.
- Die Nudeln wie gewohnt kochen.
- Zwischenzeitlich das Öl in einer Pfanne erwärmen und darin bei milder Hitze die Petersilie und die geschälte Knoblauchzehe einige Minuten dünsten, dann den Knoblauch wieder herausnehmen und die Pfanne vom Herd nehmen.
- Die Nudeln abgießen und nur kurz abtropfen lassen. In die Pfanne geben und erst jetzt (ansonsten könnten sie stocken) die Seeigeleier dazu geben und alles gut vermengen. Dann alles in eine vorgewärmte Schüssel geben und heiß servieren.

Tipp
Seeigel werden vor allem in den Wintermonaten „geerntet". Frische Seeigeleier können durch solche aus der Dose ersetzt werden. Besser sind tiefgekühlte, die man in Sardinien ab und zu in Supermärkten findet.

Frische Seeigeleier sind für die Sarden nicht nur direkt am Meer mit etwas Brot und reichlich Wein ein Genuss, sonderen auch als Nudelsoße.

Spaghetti all'aragosta
Spaghetti mit Languste (oder Hummer)

400 g Spaghetti
1 Languste/Hummer von 600 bis 800 g (oder 2 kleinere)
1 kleine Zwiebel
1 kleine Hand voll Blattpetersilie
300 g frische Tomaten
Olivenöl
Salz

Als es an den sardischen Küsten, vor allem im Westen der Insel, noch reichlich Langusten gab, kam dieses Gericht recht häufig auf den Tisch. Heute ist es auch in Sardinien eher ein Festtagsessen. Man kann dieses Gericht auch mit Hummer zubereiten, der zuhause besser zu bekommen ist als Languste.

- Die Languste (oder den Hummer) lebend in einen großen Topf mit kochendem Salzwasser geben und ca. 15 Minuten kochen. Bei der Languste vorher die Fühler mit Küchenband zusammenbinden, damit sie nicht abbrechen und das anfangs noch flüssige Innere austritt.
- Das Fleisch aus der Languste/dem Hummer herauslösen und in kleine Stücke schneiden. Die Petersilie und die Zwiebel klein hacken, die Tomaten enthäuten (die Kerne entfernen) und passieren oder in sehr kleine Würfel schneiden.
- In einer Kasserolle die Petersilie und die Zwiebel in Olivenöl anschwitzen, die Tomaten und etwas Salz dazu geben und alles ca. 20 Minuten köcheln lassen. Jetzt das Langusten-/Hummerfleisch dazu geben und nochmals etwa 10 Minuten köcheln lassen.
- Zwischenzeitlich die Spaghetti kochen, abschütten und in die Soße geben. Gut vermischen und möglichst heiß servieren.

Tipp
Manchmal gibt es beim Fischhändler bereits vorgekochte Hummer. Diese (wie übrigens auch die tiefgekühlten Hummer aus dem Atlantik) kann man nehmen und sich damit die Prozedur des Kochens sparen. Dass dabei der Geschmack ein wenig leidet, ist nachvollziehbar, im Zweifel aber akzeptabel. Um den vollen und ursprünglichen Geschmack zu erhalten, wurde (und wird teilweise noch heute) die Languste lebend aufgeschnitten, und die gallertartige, noch recht flüssige Masse sofort in die Tomatensoße gegeben und gekocht.

Spaghetti ai granchi
Spaghetti mit kleinen Taschenkrebsen

500 g Spaghetti
600 g Taschenkrebse
600 g frische Tomaten
1 Knoblauchzehe
1 kleiner Bund Blattpetersilie
Olivenöl
Salz

Fast alles, was das Meer zu bieten hat, hat auch Einzug in die sardische Küche gehalten. Darunter auch die kleinen Taschenkrebse, die an den Küsten der Insel zu finden sind. Sie haben zwar wenig Fleisch, aber einen unnachahmlichen Geschmack.

- Die noch lebenden Krebse in kochendes Wasser geben und weniger als eine Minute kochen (traditionell werden die Krebse lebend zerteilt). Aus dem Wasser nehmen, abkühlen lassen und die Beine entfernen. Dann die Krebse mit einem Küchenmesser halbieren.
- Die Petersilie und den Knoblauch klein hacken. Die Tomaten enthäuten und in Stücke schneiden.
- Knoblauch und Petersilie in etwas Olivenöl andünsten, die Tomaten und etwas Salz dazugeben. Alles kurz aufkochen lassen, die Krebshälften in die Soße geben und etwa 15 Minuten mitkochen lasssen.
- Gleichzeitig die Spaghetti kochen.
- Die Spaghetti abgießen und in einer vorgewärmten Schüssel mit der Tomaten-Krebs-Soße vermengen. Heiß servieren.

Tipp
Die Krebse haben zwar nicht viel Fleisch, aber ihr Geschmack ist einzigartig. Deshalb werden sie genuss- und geräuschvoll ausgesaugt. Dazu nimmt man die Krebshälften in die Hand, öffnet den Rückendeckel und saugt das intensiv schmeckende Innere der Krebse aus, indem man dabei leicht auf den Krebs beißt.

Minestra 'e cocciula

„Suppe" mit Venusmuscheln und Frègula

Eine „Suppe" mit Arselle und Frègula gehört zu den Highlights der sardischen Meeresküche. Wer dieses Gericht auf der Speisekarte eines sardischen Restaurants entdeckt, sollte es unbedingt probieren. Aber es ist auch zuhause gut nachzukochen. Dann sollte man die großen Vongole veraci kaufen. Die kleinen Venusmuscheln kann man im Zweifel zwar auch nehmen, aber damit verliert das Gericht doch um einiges an Geschmack.

- Die Arselle einige Stunden, besser noch über Nacht, in eine Schüssel mit leicht gesalzenem Wasser geben, damit sie den Sand, den sie eventuell noch enthalten, „ausspucken".
- Die Petersilie und den Knoblauch klein hacken. Die Tomaten enthäuten und in kleine Würfel schneiden.
- Die Arselle in einer großen Pfanne ohne Zugabe von Öl oder Wasser erhitzen, bis sie sich öffnen. Die geöffneten Muscheln herausnehmen und in eine Schüssel geben, ungeöffnete Muscheln wegwerfen. Das beim Öffnen ausgetretene Wasser gut durchsieben und beiseite stellen.
- In einem Topf etwas Öl erhitzen und darin die Petersilie und den Knoblauch andünsten. Die Tomaten dazu geben und etwa zehn Minuten köcheln lassen.
- Eine kleine Menge der Arselle mitsamt der Schale in die köchelnden Tomaten geben, die restlichen Muscheln aus der Schale lösen und ebenfalls in den Topf geben. Den Muschelsud dazugeben und mit heißem Wasser auffüllen (1/2 bis 1 Liter, je nachdem, wie flüssig die Suppe werden soll). Alles noch einmal einige Minuten kochen lassen. Erst jetzt mit Salz abschmecken. (Der Muschelsud ist schon sehr salzig!)
- Die Frègula dazu geben und je nach Größe zwischen 10 und 15 Minuten kochen, bis sie weich (al dente) ist. Evtl. noch etwas Wasser nachgießen und nochmals mit Salz abschmecken. Heiß servieren.

Variante

Wenn man, wie in alten Rezepten oft beschrieben, statt der frischen getrocknete Tomaten nimmt, diese zunächst einige Zeit in Wasser legen, weitgehend vom Salz befreien und in kleine Stückchen schneiden. Die getrockneten Tomaten werden mit angedünstet und dann mit etwas Wasser verlängert.

1 kg frische Arselle (vongole veraci)
150 g Frègula, möglichst mittelgroß
300 g reife Tomaten (alternativ 4–5 getrocknete Tomaten)
1 Hand voll Blattpetersilie
2 Knoblauchzehen
Olivenöl
Salz

Die Frègula ist eine ganz besondere, typisch sardische Nudelsorte. Sie saugt Flüssigkeit gut auf und nimmt dabei deutlich an Volumen zu. Hergestellt wird sie aus Hartweizengrieß, der – mit etwas lauwarmem Wasser vermengt – mit den Handflächen über den Boden einer flachen Steingutschüssel gerollt wird, bis kleine unregelmäßige Kügelchen entstehen (im Bild ist maschinell hergestellte Frègula zu sehen). Diese werden getrocknet und dann nochmals im Backofen getoastet. Frègula gibt es mittlerweile auch zuhause in italienischen Feinkostläden oder im Versandhandel zu kaufen.

Nudeln mit Miesmuscheln – ein Gericht, das überall gut schmeckt

Spaghetti alle arselle
Spaghetti mit großen Venusmuscheln

Die bei den Sarden sehr beliebten Arselle (am besten sind die aus Marceddi) werden gern mit Spaghetti oder Linguine gegessen. Diese Pastasorten eignen sich besonders gut, weil sie den feinen Sud aufnehmen und so das ganze Gericht zu einem intensiven Geschmackserlebnis machen.

- Die Arselle für einige Zeit in eine Schüssel mit leicht gesalzenem Wasser geben, damit sie den Sand, den sie teilweise noch enthalten „ausspucken".
- Die Petersilie und den Knoblauch klein hacken. Wasser für die Spaghetti aufstellen.
- Die Arselle in einer großen Pfanne ohne Zugabe von Öl oder Wasser erhitzen, bis sie sich öffnen. Ungeöffnete Muscheln wegwerfen. Die offenen Muscheln herausnehmen und in eine Schüssel geben. Das beim Öffnen ausgetretene Wasser gut durchsieben und beiseite stellen.
- Einen Teil der Arselle (etwa die Hälfte, evtl. mehr) aus der Schale lösen und beiseite stellen. Die Nudeln ins Wasser geben.
- Petersilie und Koblauch in Olivenöl kurz anschwitzen, die Muscheln (sowohl die ausgelösten als auch die mit Schale) dazu geben und auf kleiner Flamme garen. Mit frisch gemahlenem Pfeffer bestreuen, nicht(!) salzen. Nach und nach etwas von dem salzigen Muschelsud oder etwas Wasser dazu geben, damit die Muscheln nicht zu trocken werden. Mit Salz abschmecken.
- Die Spaghetti abgießen und zu den Muscheln geben. Alles vorsichtig vermischen und heiß servieren.

Varianten
1. Man kann die Muscheln nach dem Andünsten mit etwas Vernaccia di Oristano oder trockenem Weißwein ablöschen.
2. In Alghero werden 3 oder 4 Tomaten, enthäutet und in kleine Würfel geschnitten, dazu gegeben. Auf den Pfeffer wird dann verzichtet.

400 g Spaghetti
600 g Arselle (Vongole veraci, große Venusmuscheln, s. auch S. 68)
1 kleiner Bund Blattpetersilie
1 Knoblauchzehe
Olivenöl
Salz
Pfeffer

Pasta alle cozze
Nudeln mit Miesmuscheln

Wer in den Hafen von Olbia einfährt, sieht schon von weitem die ausgedehnten Muschelbänke. Die „Cozze di Olbia" sind denn auch für die Sarden ein Markenzeichen.

- Die Muschel säubern und gut waschen. Dann in einer großen Pfanne oder einem großen Topf ohne Zugabe von Wasser oder Öl erhitzen, bis sie sich öffnen. Die geöffneten Muscheln herausnehmen, ungeöffnete wegwerfen. Das Muschelwasser gut durchsieben und beiseite stellen. Den größten Teil der Muscheln aus der Schale lösen und ebenfalls beiseite stellen.
- Den Knoblauch klein hacken, die Petersilie klein schneiden und alles in etwas Olivenöl andünsten. Die enthäuteten und zerkleinerten Tomaten dazu geben und sehr vorsichtig salzen. Das Ganze etwa 50-60 Minuten köcheln, bis die Tomatensoße nicht mehr allzu flüssig ist.
- Den Safran dazu geben und umrühren. Die ausgelösten und den Rest der noch nicht ausgelösten Muscheln in die Tomatensoße geben und etwas von dem Muschelsud dazu gießen. Alles nochmals aufkochen und ca. 5 Minuten garen. Dabei evtl. nochmals etwas Muschelsud angießen. Evtl. nochmals mit Salz abschmecken.
- Zwischenzeitlich die Nudeln (z.B. Tagliolini) kochen, abgießen und zu den Muscheln geben. Gut vermischen und heiß servieren.

Tipp
Die Schalen der Miesmuscheln sind recht groß, deswegen sollte man nur einige wenige Muscheln in der Schale belassen und „der Optik wegen" mit in die Tomatensoße geben.

700 g Miesmuscheln
einfache Tomatensoße (800 g frische Tomaten oder 1 große Dose geschälte Tomaten)
Olivenöl
2 Knoblauchzehen
1 Hand voll Blattpetersilie
1 Tütchen Safran (0,125 g)
Salz

Primi di Terra

Erster Gang von Feld und Weide

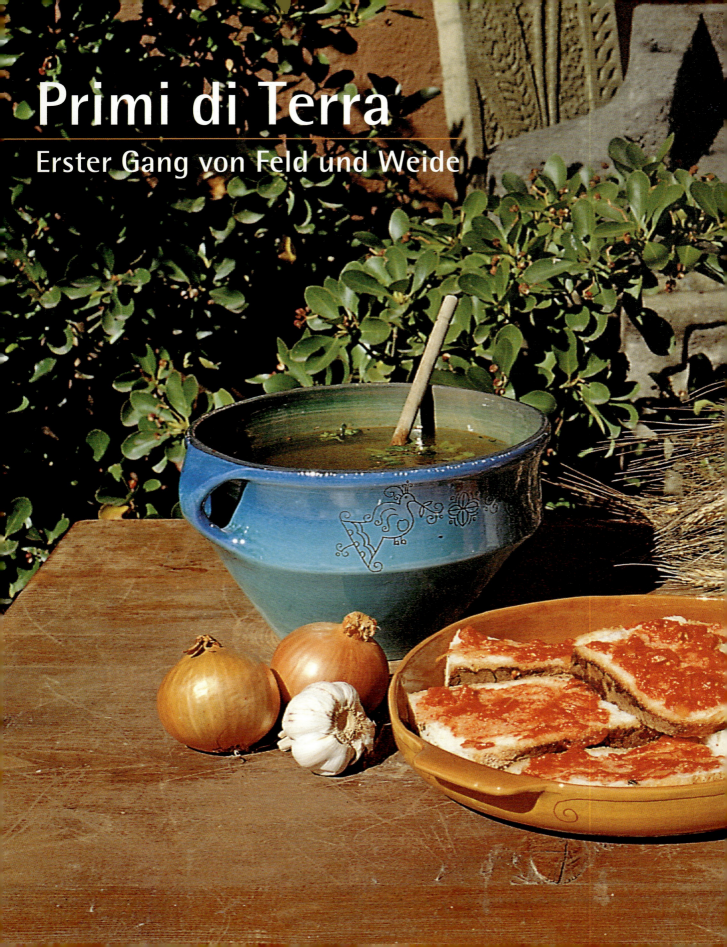

Auch das Brot vom Vortag findet - wie auf Seite 35 beschrieben - in der sardischen Küche noch seine Verwendung.

Pane frattau
„Notenblätter" mit Tomatensoße und Ei

6 – 8 Scheiben pane carasau (italienisch: carta da musica, deutsch: Notenblätter)
800 g frische Tomaten oder 1 große Dose geschälte Tomaten
Olivenöl
1 Zwiebel oder 1 Knoblauchzehe
1 Hand voll Blattpetersilie
Salz
100 g Pecorino sardo (gerieben)
1 l Fleischbrühe
4 Eier
Essig

Pane frattau ist eines der berühmtesten sardischen Gerichte. Es besteht aus einfachen Zutaten und schmeckt vorzüglich. Die Zubereitung direkt auf dem Teller ist etwas zeitaufwändig. Deshalb ist dieses Gericht für ein Essen mit vielen Gästen nicht so gut geeignet.

• Die klein geschnittene Zwiebel oder den gehackten Knoblauch mit der ebenfalls klein geschnittenen Petersilie in etwas Olivenöl andünsten, die enthäuteten und zerkleinerten Tomaten dazu geben, vorsichtig salzen und das Ganze etwa eine Stunde köcheln, bis die Tomatensoße nicht mehr allzu flüssig ist. Eventuell nachsalzen und für die Zubereitung des pane frattau bereitstellen.
• Die Fleischbrühe erhitzen.

Gleichzeitig einen Topf mit Wasser und einem Schuss Essig zum Kochen bringen. Für jede Person einen möglichst vorgewärmten tiefen Teller bereitstellen.
• In jeden Teller etwas Tomatensoße verteilen und Käse darüber streuen. Dann Brotstücke, etwa von der Größe des Tellers, abbrechen und in der Brühe einweichen, bis sie gut mit der Brühe durchtränkt sind, aber ihre Form noch halten. Diese auf die Teller geben und darauf die nächste Schicht Tomatensoße und Käse geben. Wieder Brot einweichen und in gleicher Weise Schicht um Schicht auf die Teller geben, bis die gewünschte Menge erreicht ist. Mit einer Schicht Tomatensoße und Käse abschließen.

• Die Eier pochieren (aufschlagen, vorsichtig in das Essigwasser gleiten lassen und, wenn das Eiweiß fest geworden ist, mit einem Schaumlöffel herausnehmen) und jeweils auf die Teller geben. Sofort servieren.

Tipp
Die Teller sollten möglichst vorgewärmt werden. Außerdem empfiehlt es sich, beim Befüllen der Teller zu zweit zu arbeiten. So geht die Zubereitung schneller, und das Essen wird nicht kalt. Nach dem Servieren das Ei möglichst sofort mit der Gabel zerteilen und das flüssige Eigelb grob unter das geschichtete Brot heben.

Frègula stufada
Frègula aus dem Backofen

400 g Frègula sarda
evtl. 1/2 l Fleischbrühe
1 große Zwiebel
1 gute Hand voll Blattpetersilie
Salz
100 g geriebener Pecorino sardo

So einfach und so klassisch: Dieses Gericht braucht weder viel Aufwand noch viele Zutaten. Und ist dennoch ein ganz besonderer Genuss!

• Die Frègula (s. dazu S. 27) in Salzwasser oder besser noch in Fleischbrühe je nach Größe 15 bis 20 Minuten kochen.
• Zwischenzeitlich eine große Zwiebel und eine gute Hand voll Petersilie zerkleinern und vermengen.
• Die Frègula abschütten und abtropfen lassen. Einen Teil der Frègula in eine Auflaufform geben, so dass der Boden bedeckt ist. Zuerst etwas von der Zwiebel und der Petersilie und dann reichlich geriebenen Pecorino darüber streuen. In gleicher Weise Schicht um Schicht alle Zutaten in die Form geben.
• Die Auflaufform für etwa 20 Minuten in den auf 180 Grad vorgeheizten Backofen geben, bis die obere Käseschicht leicht braun wird und kleine Blasen bildet. Heiß servieren.

Variante
Man kann die zerkleinerte Petersilie und die gehackte Zwiebel vor der Weiterverarbeitung auch in ein wenig Schmalz andünsten.

Das dünne, trocken Hirtenbrot pane carasau (die „Notenblätter") ergibt mit Tomatensoße, Käse und Ei ein leckers Tellergericht.

Die Zuppa gallurese ist deftig und sehr schmackhaft.

Mazzamurru
Einfache „Brotsuppe" aus Cagliari

Dieser klangvolle Name bezeichnet ein sehr einfaches, aber schmackhaftes Gericht, mit dem altes Brot sinnvoll verwertet werden kann. Es wird vor allem in Cagliari und dem Campidano gerne gegessen.

- Die in feine Scheiben geschnittene Zwiebel in Olivenöl andünsten. Die enthäuteten und passierten Tomaten, das klein geschnittene Basilikum und Salz dazu geben und alles bei mittlerer Hitze ca. 20 Minuten köcheln.
- Zwischenzeitlich einen Topf mit Salzwasser aufsetzen, das Brot in ein bis zwei Finger dicke Scheiben schneiden und eine vorgewärmte, möglichst breite Schüssel bereitstellen.
- Wenn das Wasser kocht und die Tomatensoße fertig ist, so viele Brotscheiben, wie für das Auslegen des Schüsselbodens notwendig sind, für ein bis zwei Minuten ins Wasser geben. Den Boden der Schüssel mit Tomatensoße bedecken, Käse darüber streuen, die Brotscheiben aus dem Wasser nehmen und, nachdem sie gut abgetropft sind, auf die Schicht mit Soße und Käse legen. Auf die gleiche Art und Weise die Zutaten zu weiteren Schichten verarbeiten. Wobei die letzte Schicht aus Tomatensoße und Käse besteht.
- Einige Minuten ruhen lassen, damit das Brot die Soße gut aufnimmt.

Tipp
Brot aus Hartweizengrieß ist außerhalb Italiens schwer zu finden. Das Rezept funktioniert aber auch mit nicht zu feinem, altbackenem Weißbrot – auch wenn es dann nicht mehr ganz „original" ist.

500 g altes Brot (möglichst aus Hartweizengrieß)
600 g Tomaten
100 g Pecorino sardo, gerieben
1 mittelgroße Zwiebel
Olivenöl
einige Blätter Basilikum
Salz

Zuppa gallurese
Deftige „Brotsuppe" aus der Gallura

Mit der Zuppa gallurese wird, ähnlich wie beim Mazzamurru, altbackenes Brot verwertet. Diese „Brotsuppe" ist allerdings viel deftiger und deshalb sehr sättigend. Es empfiehlt sich darum, danach als Hauptgang ein eher leichtes Gericht folgen zu lassen.

- Das Brot in ca. 1 cm dicke und den Käse in dünne Scheiben schneiden. Die Kräuter hacken und mit dem Pecorino vermischen.
- Eine Auflaufform mit Schmalz einfetten, mit Brotscheiben auslegen, Käsescheiben darauflegen und mit der Kräuter-/Pecorinomischung bestreuen. Das Ganze Schicht um Schicht wiederholen, bis die Auflaufform gefüllt ist.
- Dann die Fleischbrühe langsam darüber gießen, so dass sie vom Brot gut aufgesogen wird. Evtl. mit der Gabel an einigen Stellen bis zur untersten Schicht einstechen, damit die Brühe besser eindringen kann.
- Danach das Ganze für eine gute halbe Stunde in den auf 200 Grad vorgeheizten Backofen geben, bis die Oberfläche goldgelb ist. Die Brühe sollte gut aufgesogen sein, ohne dass das Ganze zu trocken geworden ist. Vor dem Servieren einige Minuten abkühlen lassen.

Tipp
Die Fleischbrühe sollte möglichst frisch zubereitet werden, und zwar aus aus mehreren Fleischsorten (Rind, Huhn, Schaf bzw. großes Lamm) sowie Petersilie, Stangensellerie, einer Zwiebel, einem Lorbeerblatt und einer getrockneten Tomate.

500 g Weißbrot vom Vortag (möglichst aus Hartweizengrieß)
400 g frischer Kuhkäse (etwa Casizzulo, eine Art Cacciocavallo, oder Peretta, eine Art frischer Provolone)
100 g Pecorino sardo, gerieben
1 kleiner Bund aromatische Kräuter (z. B. Petersilie, Minze, Thymian, Basilikum und evtl. wilder Fenchel)
1 l kräftige Fleischbrühe, möglichst aus mehreren Fleischsorten (s. Tipp)
Schmalz

Die Culurgiones mit Kartoffel-Käsefüllung werden im Inneren der Insel noch auf traditionelle Weise geformt - eine Kunst, die immer mehr verloren geht.

Culurgiones de patata
Teigtaschen mit Kartoffelfüllung

Dieses traditionelle Gericht aus dem Inneren der Insel ist auch für Festlanditaliener etwas Außergewöhnliches. Die Verbindung von Pasta und Kartoffeln führt zu einem einzigartigen Geschmackserlebnis, das man sich nicht entgehen lassen sollte. Die Zubereitung verlangt zwar einiges an Zeit und Geschick, aber der Aufwand wird mit einem wahrhaft sardischen Genuss belohnt.

- Zunächst den Teig vorbereiten. In einer großen Schüssel das Mehl mit dem Schmalz und dem leicht gesalzenen Wasser vermengen. Alles lange kneten, bis ein geschmeidiger Teig entsteht. Dabei gegebenenfalls weiteres Mehl dazu geben, bis der Teig nicht mehr klebt. Den Teig mit einem Tuch bedecken und an einem kühlen Ort mindestens 1/2 Stunde ruhen lassen.
- Die Kartoffeln mit der Schale kochen, dann pellen und mit der Kartoffelpresse oder einem Stampfer zerkleinern. Abkühlen lassen.
- Zwischenzeitlich eine Tomatensoße (s. Rezept Seite 32) zubereiten.
- Für die Zubereitung der Füllung den Käse aus der Salzlake nehmen, mit einem Küchentuch gut trocken tupfen und dann auf einer Küchenreibe reiben. Die Knoblauchzehe sehr klein hacken und die Minzblätter ebenfalls klein schneiden. Das Ganze zu der abgekühlten Kartoffelmasse geben und gut vermengen. Die Masse vorsichtig mit Salz abschmecken. (Der Käse ist schon salzig!). Wenn man Feta verwendet hat, kann man auch noch etwas (1 EL) geriebenen Pecorino dazu geben.
- Die Arbeitsfläche mit Mehl bestreuen. Den Teig dann mit dem Nudelholz oder der Nudelmaschine dünn ausrollen. Mit einem runden Plätzchenausstecher oder einer Tasse Teigscheiben von ca. 6 cm Durchmesser ausstechen. Darauf mit dem Teelöffel walnussgroße Häufchen der Füllung setzen. Die Teigscheiben umklappen, in beide Hände nehmen und an den Rändern mit den Daumennägeln vorsichtig zusammenpressen. Dabei darauf achten, dass nicht zuviel Teig übersteht, weil das später den Geschmack beeinträchtigt. Der Einfachheit halber kann man auch die normale Ravioliform wählen. (s. Tipp)
- Die fertigen Teigtaschen auf einem mit Mehl bestreuten Küchentuch einige Zeit antrocknen lassen. Dann in reichlich kochendes Salzwasser geben und, nachdem sie an die Wasseroberfläche gestiegen sind, noch 3 Minuten ziehen lassen.
- Mit einem Schaumlöffel vorsichtig aus dem Wasser holen und gut abtropfen lassen. Entweder direkt auf die Teller geben und mit Tomatensoße bedecken oder auf einer Platte anrichten und ebenfalls mit der Tomatensoße bedecken.
- Heiß servieren und am Tisch nach Belieben mit geriebenem Pecorino bestreuen.

Tipp

1. Ein sehr junger sardischer Schafskäse ist außerhalb Sardiniens fast nicht zu bekommen. Man kann stattdessen aber gut auch Feta aus Korsika, Griechenland oder der Türkei verwenden. Er eignet sich noch besser, wenn er direkt aus der Salzlake kommt oder wenn man ihn selbst vorher nochmals eine Nacht in Salzlake einlegt.

2. Culurgiones sollte man schon einmal hergestellt haben, bevor man Gäste einlädt. Das richtige Verschließen der Teigtaschen erfordert nämlich einige Übung. Wem die traditionelle Methode des Schließens zu kompliziert ist, der kann die Teigtaschen auch in der Form großer Ravioli zubereiten.

3. Für große Essen sollte man sich genügend Zeit für die Vorbereitung nehmen oder die Culurgiones schon einige Tage im Voraus zubereiten und nach dem Antrocknen vorsichtig einfrieren. Die Teigtaschen können in gefrorenem Zustand in das kochende Wasser gegeben werden, sollten dann aber ein bis zwei Minuten länger ziehen.

Für den Teig:
500 g Mehl
1 TL Schmalz
ca. 100 ml leicht gesalzenes, lauwarmes Wasser

Für die Füllung:
600 g mehlig kochende Kartoffeln
300 g sehr junger, leicht säuerlicher Schafskäse aus der Salzlake (ersatzweise Feta)
1 Knoblauchzehe
6 große Blätter frische Minze

Außerdem:
Tomatensoße
geriebener Pecorino sardo

Ravioli con ricotta
Ravioli mit Ricottafüllung

Für den Teig:
500 g feinen Hartweizengrieß für Pasta
2 Eier
Salz

Für die Füllung:
500 g Ricotta
1–3 Eier
(Variante:
300 g Mangold
oder Spinat)
Muskatnuss
1 Zitrone, unbehandelt
Salz

Außerdem:
Tomatensoße
(s. Rezept Seite 32)
geriebener Pecorino sardo

Es gibt viele verschiede Raviolirezepte auf Sardinien, die auf sardisch alle Culurgiones (mit einem Namenszusatz für die Füllung) genannt werden. Stellvertretend für diese Vielfalt steht das folgende Rezept, mit einer sehr einfachen, aber um so leckereren Füllung.

- Das Mehl mit den 2 Eiern, einer Prise Salz und etwas lauwarmem Wasser vermengen. Den Teig so lange kneten (evtl. unter Zugabe von etwas Mehl), bis er schön geschmeidig ist und nicht mehr klebt. Dann zudecken und an einem kühlen Ort mindestens 1 Stunde ruhen lassen.
- Für die Füllung die Ricotta mit der Gabel zerteilen, je nach Beschaffenheit 1 oder 2 Eier (wenn die Ricotta sehr trocken ist, 3 Eier) dazu geben. Die abgeriebene Schale der Zitrone und Salz dazu geben und alles gut durchmengen, bis eine geschmeidige und cremige Masse entsteht.
- Den Teig dünn ausrollen und in 6 - 8 cm breite Streifen schneiden. Auf einer der Längsseiten in regelmäßigen Abständen je einen Teelöffel der Ricottamasse setzen, die andere Längsseite darüber klappen. Die Zwischenräume zwischen den Füllungen und das Ende der überlappenden Seiten mit der Hand oder mit einem Kochlöffelstiel gut andrücken und mit einem Teigrad durch- bzw. abschneiden.
- Die Ravioli auf ein Tuch legen und an einem kühlen Ort einige Stunden oder über Nacht antrocknen lassen.
- Die Ravioli einzeln in kochendes Salzwasser geben und 10 bis 15 Minuten kochen. Gut abtropfen lassen und auf eine Platte oder eine möglichst flache Schüssel geben. Dabei über jede Schicht Ravioli Tomatensoße geben und darüber Pecorino streuen.
- Heiß servieren und auf den Tellern nach Belieben nochmals mit geriebenem Pecorino bestreuen.

Variante
Man kann zur Ricottamasse auch in Salzwasser gekochten, in einem Küchentuch gut ausgedrückten und dann klein gehackten Mangold (in Sardinien wird wilder Mangold verwendet) oder Spinat geben. Dabei kann die Konsistenz der Füllung mit etwas Mehl reguliert werden. Bei dieser Variante entfällt die Zitronenschale, stattdessen kommt geriebene Muskatnuss dazu.

Maccarrones cun arrescottu
Nudeln mit Ricotta

500 g kurze Röhrennudeln oder Maccarones de busa (s. übernächste Seite)
300 g Ricotta (möglichst vom Schaf)
1 Tütchen geriebener Safran (0,125 g)
Salz

Dieses Rezept ist eines der vielen, in denen Nudeln einfach mit Käse vermengt werden. Es ist schnell zubereitet und nicht kompliziert. Ricotta bekommt man mittlerweile auch in heimischen Geschäften. Allerdings reicht dieser, da meist aus Kuhmilch gewonnen und industriell hergestellt, geschmacklich nicht wirklich an den in Sardinien erhältlichen heran.

- Die Nudeln in reichlich Salzwasser kochen.
- Die Ricotta in eine Schüssel geben und mit einigen Esslöffeln des heißen Kochwassers sowie dem in etwas Wasser aufgelösten Safran vermengen bis eine geschmeidige Masse entsteht.
- Die Nudeln abgießen, abtropfen lassen, zu der Ricottamasse geben und gut mit dieser vermengen. Evtl. mit Salz abschmecken und heiß servieren.

Variante
Statt Safran (oder zusätzlich zum Safran) kann auch frisch gemahlener schwarzer Pfeffer untergerührt werden.

Mallureddus alla campidanese
Sardische Gnocchi nach Campidano-Art

Die aus Hartweizengrieß hergestellten Mallureddus sind die wohl typischsten sardischen Nudeln. Sie sind auch außerhalb der Insel bekannt und werden von einigen großen Nudelanherstellern unter dem italienischen Namen „gnocchi sardi" angeboten. Das hier beschriebene Rezept aus dem Campidano, der großen Tiefebene, die sich von Cagliari bis nach Oristano erstreckt, ist heute überall auf der Insel verbreitet und gehört zu den wichtigsten der sardischen Küche.

• Die Zwiebel klein hacken und die Wurst in kleine Würfel schneiden. Die Tomaten enthäuten und passieren (oder sehr klein schneiden).
• Die Zwiebel in Olivenöl andünsten, die Wurststückchen dazugeben und beides zusammen weiter dünsten. Nach einigen Minuten die Tomaten hinzugeben, salzen (Vorsicht, passierte Tomaten aus dem Glas sind meist schon gesalzen). Den Safran unterrühren und eine knappe Stunde köcheln lassen. Ab und zu umrühren. Die klein gezupften Basilikumblätter dazugeben und nochmals einige Minuten köcheln lassen.
• Inzwischen die Nudeln in reichlich Salzwasser kochen, abgießen und in eine Schüssel geben. Die Tomatensoße darauf schütten und das Ganze gut durchmengen. Dabei nach und nach den geriebenen Pecorino unterrühren, bis er sich gleichmäßig mit den Nudeln und der Soße verbunden hat. Heiß servieren.

Tipp
Das Gericht schmeckt auch ohne Wurst, nur mit einer normalen Tomatensoße, sehr gut. Der Clou ist die Zugabe von reichlich geriebenem Pecorino.

500 g Mallureddus (gnocchetti sardi)
100 g frische sardische Wurst (ersatzweise sehr magere Bratwurst)
1 Zwiebel
1 kg reife Tomaten (oder 1 l passierte Tomaten aus dem Glas)
1 Tütchen gemahlener Safran (0,125 g)
100 g Pecorino sardo, gerieben
4 bis 6 Basilikumblätter
Olivenöl
Salz

Die Mallureddus – auf italienisch gnocchi sardi – alla campidanese mit einer herzhaften Wurst-Tomaten-Käse-Soße

Maccarones de busa con asparagi
Hausgemachte Pasta mit (wildem) Spargel

Für die Pasta:
400 g feinen Hartweizengrieß für Pasta
1 TL Olivenöl
Salz
evtl. 2 Eier

Für die Soße:
500 g wilden (oder möglichst dünnen grünen) Spargel
1/2 Bund Blattpetersilie
1 Knoblauchzehe
Olivenöl
Salz
Pfeffer

Zum Bestreuen:
geriebener Pecorino sardo

Neben den Malloreddus ist diese Pasta die zweite, traditionell sardische Art, Nudeln zu formen. Maccarones de busa (so genannt weil sie mithilfe der busa, einer kleinen, etwa 3 mm dicken, runden Metallnadel hergestellt werden) können mit unterschiedlichen Soßen gegessen werden. Besonders gut passen sie zu der unten beschriebenen Spargelsoße. Da es die Maccarones außerhalb von Sardinien gar nicht und auch auf der Insel nur selten fertig zu kaufen gibt, wird hier auch die etwas aufwändige Herstellung der frischen Pasta beschrieben. Die Spargelsoße passt auch zu anderen Pastasorten, zum Beispiel Troffie oder Farfalle.

• Den Hartweizengrieß nach und nach mit lauwarmem, leicht gesalzenem Wasser und dem Teelöffel Öl (wenn gewünscht, statt des Öls zwei Eier dazu geben) vermengen. Den dabei entstehenden Teig zunächst vorsichtig und später kräftig kneten, bis er fest und dennoch geschmeidig ist. Sollte er zu weich werden, noch etwas Grieß hinzu geben und nochmals kneten.

• Den fertigen Teig eine halbe Stunde lang in ein Küchentuch eingeschlagen an einem kühlen Ort ruhen lassen.

• Aus dem Teig kleine, etwa haselnussgroße Kügelchen formen. Diese auf einer mit Mehl bestreuten Arbeitsplatte mit einer ebenfalls gut eingemehlten Stricknadel (als Ersatz für die busa, die selbst in sardischen Haushalten meist nicht mehr zu finden ist) wie folgt weiterverarbeiten:

• Die Nadel mittig auf das Kügelchen legen, mit beiden Handflächen rechts und links des Teigs leicht auf die Nadel drücken und dabei die Nadel rollen bis der Teig sich um die Nadel gelegt hat und sich eine runde und längliche Nudel gebildet hat. Jetzt die Nadel vorsichtig herausziehen, so dass ein sich durch die Nudel ziehendes Loch bleibt. Die Nudel vorsichtig auf ein mit Mehl bestreutes Tablett legen, und sie dort leicht antrocknen lassen. Das ganze so lange wiederholen, bis der Teig verbraucht ist. Dabei darauf achten, dass die Nudeln sich auf dem Tablett nicht berühren.

• Die holzigen Enden des Spargels abbrechen und weg werfen. (Bei wildem Spargel muss man sich manchmal an die richtige „Bruchstelle" herantasten und mehrfach zu brechen versuchen.) Den Spargel in 2 bis 3 cm lange Stücke schneiden und waschen. Den wilden Spargel kurz blanchieren. Kultivierter Spargel kann roh weiterverarbeitet werden.

• Petersilie und Knoblauch klein schneiden und in einer großen Pfanne in reichlich Olivenöl andünsten. Die Spargelstücke dazugeben, salzen und etwas frisch gemahlenen Pfeffer darüber streuen. Ca. 10 Minuten bei kleiner Hitze garen. Um alles ein wenig flüssiger zu machen, kann man nach Bedarf ein wenig Wasser dazu gießen. Am Ende evtl. noch etwas Olivenöl dazu geben.

• Zwischenzeitlich die maccarones de busa in reichlich Salzwasser kochen. Wenn sie gar, aber noch bissfest sind, herausnehmen, gut abtropfen lassen und zum Spargel geben. Gut vermengen und heiß servieren. Auf dem Teller nach Belieben mit geriebenem Pecorino bestreuen.

Variante
Zusätzlich zu Knoblauch und Petersilie kann auch noch eine halbe, kleingehackte Zwiebel dazu gegeben werden.

Im Frühjahr findet man (mit einigem Geschick und ein wenig Übung) auf den Wiesen und Brachen der Insel den wilden Spargel. Dieser hat einen besonders feinen Geschmack und wird auf unterschiedliche Weise zubereitet – etwa wie bei diesem Rezept zur Pasta oder besonders gern als Frittata (s. Tipp Seite 111)

Pasta con i carciofi
Nudeln mit Artischocken

Seit in Sardinien reichlich und besonders gute Artischocken produziert werden, kommt dieses Gericht in der Artischockensaison, also im Winter und im Frühjahr, oft auf den Tisch. Es ist, auch wenn es noch keine so lange Tradition hat wie die meisten anderen Gerichte in diesem Buch, heute doch ein fester Bestandteil der sardischen Küche.

- Mit einem scharfen Messer den Stiel der Artischocken abschneiden, dann die harten, äußeren Blätter entfernen, bis nur noch der weiche, frische Teil übrig ist. Den oberen harten Teil (ca. die Hälfte) der Artischocken abschneiden, so dass nur noch der Artischockenboden und der weiche untere Teil der Blätter übrig bleibt.
- Die Artischockenböden halbieren und das „Heu" in der Mitte vorsichtig entfernen. Die Hälften nochmals in kleine Scheiben von weniger als 1 cm Dicke schneiden. Bei frischen Artischocken die Stiele ebenfalls großzügig schälen und den weißen Kern in Stücke schneiden. Die Scheiben und Stiele in Zitronenwasser geben, damit sie nicht braun werden.
- Das Nudelwasser aufsetzen. Die Petersilie und den Knoblauch klein schneiden und mit dem Peperoncino in Olivenöl anschwitzen. Den Peperoncino nach dem Anschwitzen wieder entfernen.
- Die abgetropften Artischockenstücke dazugeben und einige Minuten andünsten. Salzen, den Vernaccia angießen, umrühren und ca. 15 Minuten auf kleiner Flamme köcheln lassen. Gelegentlich umrühren und, wenn nötig, etwas Wasser nachschütten.
- Unterdessen die Nudeln kochen, abgießen und in eine Schüssel geben. Die Artischocken mit dem Sud darüber geben und alles gut vermengen. Heiß servieren.

Tipps
1. Wenn möglich, sollte man unbedingt die kleinen, stacheligen sardischen Artischocken nehmen. Sie schmecken einfach am besten.
2. Beim Putzen nicht zu zaghaft sein, damit bei Tisch niemand auf harte Teile beißt.
3. Statt des Vernaccia di Oristano kann auch etwas Wasser genommen werden, das verändert aber die delikate Geschmacksnuance.

400 g kurze Nudeln, zum Beispiel Farfalle oder die selbstgemachten Maccarones de busa (s. Seite 40)
6 – 8 Artischocken
3 EL Olivenöl
1 Hand voll Blattpetersilie
1 Knoblauchzehe
150 ml Vernaccia di Oristano
1 kleiner getrockneter Peperoncino
Zitronensaft
Salz

Die relativ kleinen Artischocken, die in Sardinien in großen Mengen angebaut werden, sind wegen ihrer Stachel etwas schwieriger zu verarbeiten als „normale" Artischocken, aber dafür schmecken sie auch besonders gut.

Minestra di ceci
Kichererbsensuppe

250 g getrocknete Kichererbsen
300 g frischen Blattspinat
150 g Nudeln (möglichst kleine Sorte, jedoch keine Suppennudeln)
1 mittelgroße Zwiebel
3 EL Olivenöl
1/3 Tube bzw. eine kleine Dose Tomatenmark
Salz

Kichererbsen sind in der heimischen Küche eher fremd, haben aber in der sardischen durchaus ihren Platz. In diesem wie auch im folgenden Rezept gibt die Kombination der Hülsenfrüchte mit Spinat dem Gericht die besondere Note.

- Einen halben Esslöffel grobes Meersalz in lauwarmes Wasser geben und die Kichererbsen für mindestens 24 Stunden darin einweichen.
- Einweichwasser abschütten und die Kichererbsen mit reichlich Wasser zum Kochen bringen. Das Wasser sollte etwa in doppelter Höhe über den Kichererbsen stehen. Leicht salzen und nach ca. 20 Minuten den gewaschenen und grob gehackten Spinat dazugeben.
- Die gehackte Zwiebel im Öl glasig anschwitzen, das Tomatenmark unterrühren und noch einige Minuten auf kleiner Flamme mitköcheln lassen.
- Das Ganze dann zu den Kichererbsen geben. Nach ca. 10 Minuten die Nudeln dazugeben und für etwa die Hälfte ihrer Garzeit mitkochen lassen.
- Abschmecken und gegebenenfalls nachsalzen. Dann den Topf vom Herd nehmen und vor dem Servieren eine Viertelstunde ruhen lassen.

Tipp
Statt des Spinats kann man auch eine in mundgerechte Streifen geschnittene Fenchelknolle verwenden. Noch besser schmeckt wilder Fenchel, der in Sardinien im Frühjahr am Wegesrand wächst und dort „geerntet" wird. Oft wird er auch auf den Wochenmärkten angeboten. Zuhause findet man wilden Fenchel normalerweise nicht.

Minestra di lenticchie
Linsensuppe

300 g Tellerlinsen
400 g (wilden) Mangold oder Spinat
150 g kleine Frègula (s. Seite 27) oder kleine Nudeln
1/3 Tube bzw. eine kleine Dose Tomatenmark
1 Zwiebel
3 EL Olivenöl
Salz

Unter den Hülsenfrüchten sind Linsen nicht nur besonders beliebt, sie sind auch ohne langes Einweichen und damit ohne Vorplanung zuzubereiten. Der Clou des Rezepts ist die Kombination von Linsen mit Mangold oder Spinat. In Sardinien wird wilder Mangold genommen, der überall an den Wegesrändern und auf Brachen wächst.

- Die Linsen waschen und in kaltem, gesalzenem Wasser auf kleiner Flamme zum Kochen bringen.
- Das Gemüse putzen, waschen, grob hacken und nach einer knappen halben Stunde zu den Linsen geben.
- Gleichzeitig die gehackte Zwiebel im Öl glasig anschwitzen, das Tomatenmark unterrühren und noch einige Minuten auf kleiner Flamme mitköcheln lassen. Das Ganze zu den Linsen geben. Wenn die Suppe zu dickflüssig wird, evtl. etwas Wasser nachschütten.
- Nach ca. 10 Minuten die Fregula oder die Nudeln dazu geben und noch etwa 5 Minuten kochen lassen.
- Abschmecken und gegebenenfalls nachsalzen. Die Suppe noch 10 Minuten ruhen lassen und warm servieren.

Tipp
Statt des Tomatenmarks kann auch eine entsprechend größere Menge passierter Tomaten verwendet werden.

Linsensuppe auf sardische Art

Die Favata - ein reichhaltiger, winterlicher Eintopf

Favata
Traditioneller Bohneneintopf

Die Favata kommt oft zu Karneval auf den Tisch, wenn man mit Freunden zusammensitzt und auch in Sardinien Kälte und Regen die Lust auf deftiges Essen aufkommen lassen. Wie die Caulada (s. u.) ist auch die reichhaltige Favata eher ein „piatto unico" denn ein „primo piatto". Ein kräftiger Rotwein, zum Beispiel ein Cannonau, und später ein „Fil`u Ferru", der traditionelle Tresterschnaps der Insel, helfen beim Verdauen.

- Die Bohnen am Vortag einweichen.
- Die Wurst, den Bauchspeck, die Schwarte und die Füßchen in große Stücke schneiden. Alles mit den abgetropften Bohnen in einen mit ca. 3 Liter gesalzenem Wasser gefüllten Suppentopf geben und auf kleiner Flamme zum Kochen bringen.
- Wirsing, Fenchel, Karotte, Sellerie, Tomaten und Zwiebel in grobe Stücke schneiden und nach etwa 1 1/2 Stunden Kochzeit zur Suppe geben. Den Knoblauch durchpressen und dazu geben. Den Peperoncino zerbröseln und ebenfalls in den Topf geben. Alles gut durchrühren und nochmals 1 1/2 Stunden zugedeckt köcheln lassen.
- Die Favata möglichst einige Stunden ruhen lassen und dann wieder aufwärmen. Heiß servieren.
- Nach Wunsch in die Teller geröstete Brotscheiben oder „pane carasau" legen und den Eintopf darüber geben.

Tipps
1. Die Fleischeinlage kann variiert werden. In der ganz traditionellen Variante kommen zum Beispiel noch Schweinsohren oder -kopf dazu.
2. Manchmal wird auf Peperocino verzichtet.

300 g getrocknete Saubohnen
300 g Wirsing
300 g (sardische) luftgetrocknete Wurst
300 g Schweineschwarte und Schweinsfüßchen
200 g durchwachsener Bauchspeck
50 g getrocknete Tomaten
100 g wilder (oder 150 g normaler) Fenchel
2 Knoblauchzehen
1 kleiner getrockneter Peperoncino
1 Zwiebel
1 Karotte
1 Selleriestange
Salz

Caulada
Deftiger Kohleintopf aus Sassari

Die winterliche Caulada ist wie die ähnliche Favata sehr deftig. Aber das im Norden der Insel beliebte Gericht ist nach den Versen eines Sassareser Heimatdichters „mit gutem Wein durchaus leicht zu verdauen."

- Die Bohnen (bzw. die Kichererbsen) über Nacht einweichen.
- Die Bohnen (bzw. die Kichererbsen) mit der Wurst und der Schwarte in einen großen Suppentopf geben, mit Wasser auffüllen und alles auf großer Flamme zum Kochen bringen. Die Hitze reduzieren und das Ganze eine knappe Stunde kochen lassen.
- Den Fenchel putzen, klein schneiden und zu der Suppe geben. (Bei kultiviertem Fenchel das Fenchelgrün mit verwenden.) Die äußeren Blätter des Kohls entfernen, dann Blatt für Blatt auch den Kohl zur Suppe geben.
- Während die Suppe weiter kocht, den Speck würfeln und die Knoblauchzehen sowie die Minzblätter zerkleinern. Den Speck in der Pfanne auslassen und darin den Knoblauch und die Minze andünsten. Das Ganze zu den Bohnen geben.
- Noch ca. 10 Minuten weiter kochen, dann einige Stunden ruhen lassen. Vor dem Servieren wieder aufwärmen.

Tipp
Das Originalrezept der Caulada kann nach Belieben variiert werden. Man kann z.B. noch Bauchfleisch vom Schwein dazu geben und das Ganze damit noch deftiger machen. Aber auch Kartoffeln, junge Zwiebeln, Karotten oder Stangensellerie passen gut in den Eintopf. Schließlich kann man auch noch Petersilie oder andere aromatische Kräuter dazu geben. Man sollte aber beachten, dass der für das Gericht charakteristische Geschmack nach frischer Minze nicht überdeckt wird.

300 g getrocknete Saubohnen (oder Kichererbsen)
300 – 400 g Weißkohl
200 g (sardische) getrocknete Wurst
200 Schweineschwarte
100 g wilder (oder 150 g kultivierter) Fenchel
100 g Speck
2 Knoblauchzehen
5 frische Minzeblätter
Salz

Secondi di Mare

Zweiter Gang aus dem Meer

Sardine fritte con Pecorino, Rezept Seite 53

Pesci alla brace
Gegrillter Fisch auf sardische Art

**4 bis 8 Fische mittlerer Größe
Meersalz**

Besonders gern essen die Sarden gegrillten Fisch. Vor allem die Meeräsche (s. Seiten 50 und 51) aber auch viele andere Fischarten werden mit Vorliebe auf archaische Art über der offenen Holz(kohlen)glut gegart. Dabei gibt es eine Besonderheit: Die Fische werden in der Regel nicht geschuppt und nicht ausgenommen. Dadurch wird verhindert, dass sie beim Grillen austrocknen. Der Fischhändler kontrolliert im Zweifel durch leichtes Ausstreichen von Flüssigkeit aus dem Darm, ob die Innereien sauber und die Fische für die Zubereitung auf „sardische Art" geeignet sind. Für viele Sarden gelten die mitgegrillten Innereien übrigens als besondere Delikatesse. Wenn sich die Gelegenheit ergibt, sollte man - am besten unter einheimischer Anleitung - diese Delikatesse ruhig auch einmal probieren.

• Reichlich Holzkohle (oder aromatisches Holz) anzünden und warten, bis die Flammen verschwunden sind und die Glut sich gut entwickelt hat. •
Die Fische auf den Rost legen und nach einigen Minuten (je nach Größe) wenden. Ein gutes Zeichen dafür, dass der Fisch gewendet werden kann, ist die Verfärbung des oben liegenden Auges. Es sollte weiß sein. Dabei darauf achten, dass die Fische nicht verbrennen. Eventuell den Rost in der Höhe verstellen oder die Menge der Glut unter dem Rost verringern.
• Die Fische mit reichlich Salz bestreuen und nach einigen Minuten, wenn sie durchgegart sind, auf eine möglichst vorgewärmte Platte legen und auch die andere Seite salzen.
• Die Fische zugedeckt noch ein wenig ziehen lassen, damit sich ihr volles Aroma entfalten kann. Man kann die Fische auch in Pack- oder Zeitungspapier einwickeln und für einige Minuten ruhen lassen. Warm servieren.
• Übrig gebliebene Fische schmecken auch am nächsten Tag, dann kalt serviert, noch sehr gut.

Tipp
Leider sind die Fische zuhause meist nicht so frisch wie an den sardischen Küsten. Vor allem Meeräschen, die meist im Brackwasser der Flussmündungen gefangen werden, sind selten von so hervorragender Qualität, wie die aus dem Stagno di Cabras. Deshalb empfiehlt es sich, die Fische zuhause doch auszunehmen und das Bauchinnere mit ein wenig Olivenöl einzupinseln.

Pesci aromatizzati in salamoia
Gegrillter Fisch aromatisiert im Salzwasserbad

**4 bis 8 Fische mittlerer Größe
Meersalz
1 große Knoblauchzehe**

Zur sardischen Küchentradition gehört auch das Würzen gegrillter Fische im Salzwasserbad. Dadurch werden die Fische zudem vor dem Austrocknen geschützt.

• Eine Schüssel mit warmem Salzwasser (1-2 TL Meersalz pro Liter) und der zerdrückten Knoblauchzehe bereitstellen.

• Die Fische wie oben beschrieben grillen (jedoch ohne sie dabei zu salzen) und, wenn sie fertig sind, für etwa 1-2 Minuten in das Salzwasserbad legen.
• Die Fische herausnehmen, gut abtropfen lassen (eventuell trocken tupfen) und auf eine vorgewärmte Platte legen. Warm servieren.

Tipp
Gegrillte Fische werden in Sardinien – meist unter Zuhilfenahme der Hände – „pur" oder mit etwas Olivenöl, selten mit Zitronensaft, gegessen.

Pesci alla brace – besonders beliebt bei den Sarden

Muggini – Merca, pisci affumau, lessati, alla brace ...
Meeräschen – die traditionellen Zubereitungsarten

Die Meeräsche (italienisch Cèfalo) wird in Sardinien Muggine genannt und kann mit Fug und Recht als *der* Fisch der Insel bezeichnet werden. Ihn aß (und isst) man traditionell auch im Inland, wo ansonsten Fisch nicht auf den Tisch kam. Er wird seit jeher von Fischhändlern fangfrisch in die Dörfer abseits der Küsten gebracht. Auch war und ist er ein wichtiger Bestandteil der ländlichen Feste auch im Inneren Sardiniens, zu denen er in großen Mengen gegrillt und gegessen wird.

Meeräschen fühlen sich im salzarmen Brackwasser (oft in Flussmündungen) besonders wohl. Die Muggini aus dem Stagno (Lagunensee) di Cabras sind besonders berühmt und begehrt, nicht zuletzt weil in der Lagune ideale Wachstumsbedingungen vorherrschen. Sie werden noch heute auf traditionelle und sehr imposante Weise gefischt, wie die Szene auf dem unten stehenden Foto zeigt. In den Jahrhunderte alten Fischereistrukturen der „peschiera pontis" werden die Fische, wenn sie durch kleine Kanäle zurück ins Meer wandern, in so genannten Todeskammern gefangen, mit einem großen Netz zusammengetrieben und dann einfach herausgeschöpft.

Es gibt viele Methoden, Muggini zuzubereiten. Die meisten sind einfach und klassisch, einige haben ihren Ursprung sogar in der Antike. Wegen der einzigartigen Qualität der Meeräschen aus dem Stagno di Cabras werden in den meisten Fällen nur wenige Gewürze verwendet, damit der Eigengeschmack der Fische richtig zur Geltung kommt.

Wenn man Meeräschen zuhause zubereiten will, ist leider nicht sicher, dass man auch immer Fische guter Qualität bekommt. Die bei heimischen Händlern gekauften Fische können manchmal modrig oder gar nach Petroleum schmecken, denn sie kommen oft aus dem Delta eines der großen Flüsse, wo Meeräschen das von ihnen bevorzugte salzarme Brackwasser vorfinden.

In Sardinien werden Muggine besonders gern gegrillt (s. Seite 48). Dazu werden eher kleine oder mittelgroße Fische verwandt. Die größeren Exemplare landen oft im Kochtopf, entweder um sie einfach nur zu kochen, in der Art wie es das Rezept des gekochten Wolfsbarschs auf Seite 54 beschreibt, oder um damit die berühmte Merca bzw., wie die Cabraresen in ihrem Dialekt sagen, sa Mreca zuzubereiten.

Die Merca ist eine Legende und zugleich ein noch lebendiger Teil der Küchentradition in Cabras. Man findet sie auf der Speisekarte einiger Restaurants in Cabras. Oder man kann sie genießen, wenn man das Glück hat, in einem Privathaus eingeladen zu sein, in dem noch die traditionelle Cabrareser Küche gepflegt wird.

Die Merca ist eigentlich nichts anderes als in stark gesalzenem Wasser gekochter Fisch, der für einige Tage in Zibba, einem heimischen Sumpfgras, eingewickelt und dann kalt gegessen wird. Für die Cabraresen aber ist die Merca viel mehr als nur gekochter Fisch. Sie

Traditioneller Fang der Muggini in der alten Peschiera Mar`e Pontis in Cabras.

ist Ausdruck einer uralten Tradition und zugleich Gaumenfreude pur. Dabei wird der Geschmack nicht etwa von der Zibba beeinflusst, die – anders als oft angenommen – kein besonderes Aroma an den Fisch abgibt. Es ist der pure Eigengeschmack des (möglichst) fetten Fisches selbst, der die Merca zu einer ganz besonderen Delikatesse macht.

Die Ursprünge der Merca sollen bei den Phöniziern liegen, die weit vor unserer Zeitrechnung die Stadt Tharros gründeten und dort einige Jahrhunderte lang lebten, bis die Römer die Stadt übernahmen. Die Phönizier nutzten die Meeräschen des Stagno di Cabras auch als Proviant für ihre langen Seereisen. Dafür kochten sie sie in stark gesalzenem Wasser (je mehr Salz, desto länger die Haltbarkeit) und wickelten sie in Zibba ein, um sie kühl und geschützt mitnehmen zu können.

Die Phönizier sollen auch die „Erfinder" der pisci affumau, der geräucherten Meeräsche, sein. Hier ging es ebenfalls vor allem um die Haltbarmachung der Fische. Geräucherte Meeräsche spielt heute in der Alltagsküche - selbst in Cabras - keine große Rolle mehr. Im Restaurant oder beim Fischhändler kann man sie allerdings wieder häufiger bekommen.

Über diese klassischen Zubereitungsarten hinaus gibt es noch andere Methoden, aus der Meeräsche leckere Gerichte herzustellen. Sie ähneln teilweise denen, die auf den Folgeseiten für andere Fischarten beschrieben werden. Ein besonders interessantes darunter ist das auf Seite 58 für Forellen beschriebene mit Oliven.

Die beliebteste Art, die Muggini zuzubereiten ist und bleibt allerdings das Grillen über der Holz- oder Holzkohlenglut. Das Grillen der Fische ist – wie auch beim Fleisch – Männersache. Auch wenn ansonsten, von Ausnahmen abgesehen, die Zubereitung des Essens zu Hause meist noch Sache der sardischen Frauen ist, so sind doch die Männer diejenigen, die sich in archaischer Überlieferung um das Feuer und die Glut kümmern und die Kunst des Grillens lernen. Sie müssen wissen, welches Holz sich am besten eignet, wann die Glut genau richtig entwickelt ist, wann die Fische gewendet werden müssen und, und, und.

Ein Gastgeber, der die Fische auf den Punkt garen kann, ohne sie zu verbrennen und ohne sie auszutrocknen, bekommt von der Tischrunde mindestens ebensoviel Lob und Beifall wie die Frau des Hauses, die eine wohlschmeckende Pasta oder ein gelungenes Hauptgericht auf den Tisch stellt.

Muggini und Aale für die hungrigen Festbesucher. Stände wie dieser auf dem „Festa della Madonna del Rimedio" bei Doni-galla Fenugheddu findet man auf vielen größeren Festen – auch im Inland.

Auf sardische Art frittierte Gründlinge (Ghiozzi).

Pesci fritti
Frittierte Fische

Das Frittieren gehört auch in Sardinien zu den beliebten Zubereitungsarten für Fisch. Dabei werden die Fische meist nicht zuerst - wie sonst vielerorts üblich - in Mehl, sondern in feinem Hartweizengrieß (semola fine) gewälzt. Normalerweise nimmt man kleinere Fischarten. Aber auch größere Fische, dann meist in Tranchen geschnitten, können frittiert werden. Das wohl bekannteste Gericht mit frittiertem Fisch, das „fritto misto", das man überall an den italienischen Küsten bekommen kann, essen auch die Sarden traditionell mit großem Vergnügen.

- Die Fische schuppen und ausnehmen, den Kopf entfernen und die Fische waschen. Bei den ganz kleinen Fischchen, die im italienischen „mangiatutto" (Iss alles!) heißen, genügt gründliches Waschen. Mit einem Küchentuch die Fische gut abtupfen. (Für ein fritto misto die Calamari ebenfalls säubern und die Tuben in Ringe schneiden. Die Garnelen waschen und trocken tupfen.)
- Die Fische salzen, in Grieß wälzen und etwas trocknen lassen (so wird die Haut besonders kross).
- Die Fische in einer Pfanne oder Fritteuse in reichlich Öl frittieren und auf Küchenkrepp legen, damit das überschüssige Öl aufgesogen wird. Heiß servieren. Eventuell Zitronenspalten dazu reichen.

Tipp
In sardischen Haushalten wird auch zum Frittieren meist Olivenöl genommen, besonders wenn von eigenen oder gepachteten Bäumen Vorräte zur Verfügung stehen. Ansonsten eignet sich ein neutrales und hoch erhitzbares Pflanzenöl, besonders Erdnussöl, sehr gut.

ca. 800 g kleinere Fische oder Tranchen von größeren (entweder von einer Sorte oder gemischt, für fritto misto zusätzlich noch Calamari und Garnelen)
feiner Hartweizengrieß
Öl zum Frittieren
Salz

Sardine ripiene e fritte
Gefüllte und frittierte Sardinen

Die Kombination aus Fisch und Käse scheint sehr gewagt, ist aber ein interessantes Geschmackserlebnis. In diesem Rezept werden Sardinen mit Pecorino sardo gefüllt und dann frittiert. Die so frittierten Fische eignen sich auch gut als kalte Vorspeise.

- Die Sardinen schuppen, ausnehmen und den Kopf entfernen. (Mit einem festen Griff am Kopf kann man diesen nach vorne abtrennen und so nach unten ziehen, dass die Eingeweide mit entfernt werden.) Die Fische gut waschen, abtropfen lassen und mit Küchenkrepp trockentupfen.
- Die Sardellen vom Salz (oder Öl) befreien, den Kopf und den Grätenstrang entfernen, sehr fein hacken und mit dem geriebenen Käse vermengen. Mit dieser Masse die Sardinen so füllen, dass sie sich noch gut zusammen drücken lassen und die Masse nicht herausquillt.
- Die geschlagenen Eier und die Semmelbrösel bereit stellen. Reichlich Öl in einer Pfanne oder Fritteuse erhitzen. Die Sardinen panieren, dann frittieren und auf einige Lagen Küchenkrepp legen, damit das überschüssige Fett möglichst stark aufgesogen wird. Heiß oder kalt servieren.

Variante
Die ausgenommenen und gesäuberten Sardinen zwei bis drei Stunden in Vernaccia di Oristano marinieren. Den geriebenen Käse mit einer sehr fein gehackten Knoblauchzehe und ebenfalls fein gehackter Petersilie vermengen. Die marinierten Sardinen mit dem geöffneten Bauch in die geschlagenen Eier drücken, dann in die Käsemischung und wieder in die Eimasse. Den Bauch von den Seiten etwas andrücken und wie im Rezept beschrieben weiterverfahren.

800 g Sardinen
120 g geriebener Pecorino sardo
30 g in Salz (oder Öl) eingelegte Sardellen
2 Eier
Semmelbrösel
Salz
Olivenöl

Spigola lessata
Gekochter Wolfsbarsch

1 Wolfsbarsch von ca. 1 kg
4-5 Stängel Blattpetersilie
1 kleine Karotte
1 mittelgroße Zwiebel
1 getrocknete Tomate
1 Stange Sellerie
Salz
(Olivenöl)
(Hartweizengrieß)

Das Kochen in Salzwasser oder Wurzelsud ist eine der einfachsten Zubereitungsarten für Fisch und kann dennoch zu einem besonders delikaten Fischgenuss führen. Denn durch das Kochen im Wurzelsud wird der feine Eigengeschmack der Fische schonend bewahrt. Diese Garmethode eignet sich insbesondere für Fische mit festem Fleisch, wie den Wolfsbarsch. Die Sarden bereiten so auch gern die Meeräsche zu.

- In einem großen Topf, am besten einem Fischtopf, soviel Wasser aufsetzen, dass der Fisch später ganz im Wasser liegt. Etwa einen Teelöffel Meersalz (bei Steinsalz etwas weniger) dazu geben.
- Zwiebel, Petersilie, Karotte, Sellerie und die getrocknete Tomate grob zerkleinern und ebenfalls ins Wasser geben.
- Den Fisch schuppen, ausnehmen, gut waschen und in das kochende Wasser legen. Zugedeckt circa 30 Minuten auf eher kleiner Flamme (das Wasser sollte noch leicht sprudeln) kochen.
- Den Fisch aus dem Wasser heben, gut abtropfen lassen, auf eine Platte geben und am besten erst am Tisch vorsichtig filetieren. Die Teller sollten möglichst vorgewärmt sein, damit das Fischfleisch nicht zu schnell abkühlt. Auf dem Teller salzen und eventuell mit gutem Olivenöl beträufeln.

Tipp

Den Kochsud später durchsieben und - wenn nötig - etwas einkochen lassen. Er ist die Basis für eine Fischbrühe, die, mit Salz und Pfeffer abgeschmeckt und mit etwas Hartweizengrieß angereichert, eine leckere Vorsuppe ergibt.

Tonno con cipolle
Gekochter Tunfisch mit Zwiebeln

600 g Tunfisch am Stück (ohne Haut)
250 g Zwiebeln
sehr gutes Olivenöl
Salz

Dieses Gericht ist eines der vielen Tunfischrezepte, die insbesondere aus dem Südwesten der Insel stammen, wo es immer noch die alljährliche Mattanza, die großangelegte traditionelle Tunfischjagd gibt. Es ist besonders einfach zuzubereiten und zugleich überraschend lecker.

- Die Zwiebeln in sehr dünne Scheiben schneiden und in lauwarmes Wasser legen, um den säuerlich-scharfen Geschmack weitgehend zu reduzieren.
- In einem Topf Wasser zum Kochen bringen, salzen und das Stück Tunfisch darin knapp eine halbe Stunde auf mittlerer Flamme kochen.
- Den Fisch aus dem Topf nehmen, gut abtropfen lassen und in 2 bis 3 cm große Würfel schneiden. Diese in eine Schüssel geben und mit etwas Salz bestreuen.
- Die Zwiebeln aus dem Wasser nehmen, abtropfen lassen und in einem Küchentuch trocken drücken. Die Zwiebelringe zum Tunfisch geben, reichlich Olivenöl dazu gießen und alles gut vermengen. Eventuell etwas nachsalzen. Warm servieren.

Tipp

Frischer Tunfisch wird zuhause meist gegrillt und deshalb oft schon als Steak geschnitten angeboten. Meist lohnt es sich aber, beim Fischhändler nachzufragen, ob nicht noch ein ganzes Stück im Kühlraum vorrätig ist. Sicherer allerdings ist es, das gewünschte Stück vorzubestellen.

Große Fische wie dieser Wolfsbarsch (Spigola) eignen sich besonders gut zum Kochen.

Dieser Knurrhahn (Cappone) eignet sich ausgezeichnet für die Zubereitung mit Kartoffeln.

Triglie alla Vernaccia
Meerbarben mit Vernaccia di Oristano

Obwohl Meerbarben (oft als Rotmeerbarben im Angebot) relativ viele Gräten haben, werden sie in Sardinien gern gegessen. Das gilt insbesondere für die kleinen „triglie delle scoglie" (gestreifte Meerbarben), die einen besonders feinen Geschmack haben und für die sich das folgende Rezept gut eignet. Es ist wiederum ein sehr traditionelles Rezept und wie die meisten dieser Art einfach und ohne unnötige Verfeinerungen.

- Die Fische schuppen, ausnehmen und gut waschen. Die Schale der Zitrone abreiben.
- In einer Pfanne etwas Öl erhitzen und die Fische darin kurz anbraten. Vor dem wenden die obere Seite salzen, mit etwas Semmelbrösel und der Hälfte der abgeriebenen Zitronenschale bestreuen. Die Fische vorsichtig wenden, damit die Haut nicht zu sehr beschädigt wird. Auf die jetzt obenliegenden Fischseite ebenfalls Salz, Semmelbrösel und geriebene Zitronenschale streuen.
- Den Vernaccia di Oristano anschütten und das Ganze auf kleiner Flamme etwa 10 Minuten garen. Heiß servieren und den Vernaccia-Sud über die Fische geben.

Tipp
Nicht zu viel geriebene Zitronenschale verwenden. Sie kann leicht zu sehr vorschmecken oder das Ganze etwas bitter machen.

800 - 1000 g kleine Meerbarben
1 kleine Zitrone
Semmelbrösel
300 - 400 ml Vernaccia di Oristano
Olivenöl
Salz

Pesce con patate
Fisch mit Kartoffeln

Bei diesem Gericht verbindet sich der Geschmack des Meeres mit dem der Erde, der des Fisches mit dem der Kartoffeln. Die Zubereitung ist wie die der meisten traditionellen Gerichte sehr einfach. Sie eignet sich besonders für Fische mit festem, weißem Fleisch. Das Gericht kann gut vorbereitet werden und während der Vorspeise oder des ersten Gangs im Ofen garen.

- Den Fisch schuppen, ausnehmen und gut waschen. Knoblauch und Petersilie zerkleinern. Die Tomaten kurz in heißes Wasser legen, enthäuten und würfeln. Die Kartoffeln schälen und in Scheiben schneiden. Den Backofen auf 180 Grad vorheizen.
- Etwas Öl in einen Bräter geben, die Kartoffelscheiben darauf verteilen, mit dem Knoblauch bestreuen und etwa 5 Minuten leicht andünsten.
- Den Fisch auf die Kartoffeln legen, die Tomaten dazugeben, die Petersilie darüber streuen und salzen. Jetzt den Wein angießen, den Bräter in den heißen Backofen stellen und alles ca. 30 Minuten offen garen. Damit nichts ansetzt und genügend Soße entsteht, bei Bedarf etwas Wasser zugeben. Heiß servieren.

Tipp
Wenn man zwei kleinere Fische verwendet, sollte die Garzeit etwas reduziert werden. Sind die Kartoffeln dann noch nicht gar, kann das Ganze ohne Gefahr für die Fische auch noch etwas länger im Ofen bleiben.

1 Fisch von ca. 1 kg oder 2 kleinere Fische (zum Beispiel Dorade oder Knurrhahn)
500 g Kartoffeln
400 g reife Tomaten
150 ml Weißwein (oder Vernaccia di Oristano)
2 Knoblauchzehen
1 Hand voll Blattpetersilie
Olivenöl
Salz

Sardinette al forno
Kleine Sardinen aus dem Backofen

500 g kleine Sardinen
2-3 reife Tomaten
1 Knoblauchzehe
1 Hand voll Blattpetersilie
1 kleine Zitrone
Olivenöl
Salz und Pfeffer

Auch wenn der Name es vermuten lässt, die Sarden haben weder eine besondere Beziehung zu Sardinen noch eine besondere Vorliebe für diese Fischart. Gegessen werden Sardinen allerdings durchaus, ob gegrillt, frittiert (s. Seite 53), „a scabécciu" (s. Seite 63) oder auf andere Art zubereitet. Dieses Rezept zeigt eine Zubereitungsart, die gut auch zuhause nachgekocht werden kann.

• Die Sardinen schuppen, Kopf, Rückengräte und Eingeweide entfernen. Die gesäuberten Fische waschen und trocken tupfen. Petersilie und Knoblauch fein hacken. Die Zitrone waschen und samt Schale in ca. 1 cm große Stücke schneiden. Die Tomaten enthäuten und in kleine Würfel schneiden.
• Eine feuerfeste Form mit Öl auspinseln und eine Lage Fische hinein legen. Tomatenwürfel, Petersilie, Knoblauch und einige Stückchen Zitrone auf den Fischen verteilen. Salz und Pfeffer darüber streuen. Schicht für Schicht so verfahren, bis alle Zutaten aufgebraucht sind.
• Die Form in den auf 180 Grad vorgeheizten Backofen geben und dort etwa 30 Minuten garen. Heiss servieren.

Tipp
Wenn keine kleinen Sardinen zu bekommen sind, kann man auch normalgroße oder die noch kleineren Sardellen verwenden. Die Garzeit variiert dann je nach Größe der Fische etwas.

Trote con olive e Vernaccia
Forellen mit Oliven und Vernaccia di Oristano

4 Forellen
1 Zwiebel
1 Hand voll Blattpetersilie
12 (schwarze) Oliven aus der Salzlake
2 Knoblauchzehen
2 Lorbeerblätter
200 ml Vernaccia di Oristano
Olivenöl
Salz
Pfeffer

Süßwasserfische spielen auf dem Speiseplan der Sarden eigentlich keine Rolle. Einzige Ausnahme – zumindest im Inneren der Insel – ist die Forelle, die in Bächen und Flüssen hier und da wild gefangen bzw. in Teichen gezüchtet wird. Eine der Zubereitungsarten (neben dem klassischen Grillen) wird im folgenden Rezept, das auch zuhause sehr gut gelingt, beschrieben.

• Die Fische ausnehmen und gut waschen und trocknen. Zwiebel und Knoblauch in dünne Scheiben schneiden, Petersilie klein hacken. Die Oliven entkernen.
• Eine große feuerfeste Form oder ein tiefes Backblech mit Öl einpinseln. Die Forellen darauf legen, die Zwiebel, den Knoblauch und die Petersilie, Salz und Pfeffer darüber streuen, die Oliven neben und zwischen die Fische legen. Die Fische mit etwas Öl beträufeln.
• Die Forellen in den auf 180 Grad vorgeheizten Backofen geben und nach 10 Minuten den Vernaccia di Oristano vorsichtig darüber gießen.
• Ca.15 bis 30 Minuten (je nach Größe der Forellen) weitergaren lassen. Heiß servieren.

Tipp
Forellen gibt es auch in heimischen Gefilden frisch und von hoher Qualität. Diese sind den tiefgefrorenen Fischen, die man in fast jedem Supermarkt bekommt, auf jeden Fall vorzuziehen.

Sardinen gehören zur sardischen Küche, spielen aber, anders als ihr Name erwarten lässt, keine besonders große Rolle.

Sa cassola
Fischsuppe nach Cagliaritaner Art

1 kg verschiedene Fische und Meeresfrüchte (eher kleine, aber nicht zu kleine Fische, z.B. Meeräsche, Knurrhahn, Dorade, Drachenkopf, Petersfisch, Aal, Tintenfisch, Oktopus Miesmuscheln und/oder Herzmuscheln, Meeresschnecken oder Krabben)
500 g frische Tomaten (oder 150 g getrocknete)
1 Zwiebel
1 - 2 Knoblauchzehen
1 Hand voll Blattpetersilie
einige Basilikumblätter
1 kleine rote Chilischote (oder 1 kleiner getrockneter Peperoncino)
8 Scheiben Weißbrot
Olivenöl
Salz

Eine Fischsuppe gehört zu den Höhepunkten jeder Meeresküche. In Sardinien gibt es dafür je nach Region unterschiedliche Rezepte. Das bekannteste ist die Cassola aus Cagliari. Ihren Namen hat sie von dem „großen Topf", in dem sie traditionell zubereitet wird. Absolute Kochanfänger sollten sich vielleicht nicht gleich an eine Fischsuppe wagen. Für alle anderen aber gibt es keinen Grund, diese Spezialität nicht selbst zuzubereiten. Die Cassola ist zwar etwas arbeitsintensiv, aber nicht besonders schwierig. Und der wunderbare Geschmack entschädigt allemal für die „Mühe".

• Die Fische und die Meeresfrüchte säubern. Die Fische ausnehmen, größere Fische in Stücke schneiden, kleinere ganz lassen (eventuell die Flossen abschneiden), den Tintenfisch und den Oktopus in kleinere Stücke teilen.

• Zwiebel, Petersilie, Knoblauch und die Chilischote/den Peperoncino klein schneiden. Die Tomaten enthäuten, Kerne entfernen und in kleine Stücke schneiden. (Getrocknete Tomaten vom Salz befreien, in Wasser einweichen und dann klein schneiden.) Die Basilikumblätter zerkleinern.

• In einem Topf Zwiebel, Knoblauch, Petersilie und Peperoncino/Chilischote in etwas Öl andünsten. Die Tomaten und 1-2 (bei getrockneten Tomaten 3-4) große Schöpflöffel Wasser dazugeben und salzen. Das Ganze etwa 5 Minuten aufkochen und dann auf mittlere bis kleine Flamme herunterschalten.

• Zuerst die Tintenfisch- und Oktopusstücke in die Tomatensoße geben, da sie die längste Kochzeit brauchen. Nach etwa 10 Minuten die größten Fische bzw. Fischstücke dazu geben, dann nach und nach die weiteren Fische und Meeresfrüchte je nach Größe beziehungsweise notwendiger Kochzeit. Das Ganze zugedeckt noch 15 bis 20 Minuten köcheln lassen und erst kurz vor Ende der Kochzeit das Basilikum unterrühren.

• Die Brotscheiben in einer Pfanne rösten (oder toasten) und je zwei Scheiben in tiefe Teller legen. Die Fischsuppe auf die Teller verteilen, damit das Brot sich mit der aromatischen Flüssigkeit voll saugt. Heiß servieren.

Tipp
Es gibt keine genauen Vorschriften darüber, welche Fische und Meeresfrüchte man für die Cassola nehmen muss. Am besten schaut man beim Fischhändler, was er an frischen Fischen im Angebot hat und stellt eine gute Mischung zusammen. Auch für die Kochzeit gibt es keine festen Regeln. Sie wird von der Garzeit der ausgewählten Fische bestimmt.

Sa cassola - „Geschmack des Meeres"

Die Cagliaritaner lieben und schätzen ihre Cassola so sehr, dass die Dichterin Teresa Mundula Crespellani sie sogar in einem Gedicht verewigt hat, dessen letzte Strophe so lautet:

E ita sabori è mari sa cassola!
Ti cala lisa lisa in sa cannedda,
mancai t`arresciara ùna spiniscedda
è un`esperienzia è vira chi consola!

Und wie die Cassola nach Meer schmeckt!
Ganz sanft läuft sie dir in den Schlund.
Auch wenn dir dabei eine kleine Gräte im Halse stecken bleibt,
ist sie doch eine Erfahrung, die dich mit dem Leben versöhnt!

Sa Cassola ist der Inbegriff der sardischen Fischsuppe.

Baccalà mit Tomaten und Kartoffeln

Pisci a scabècciu
Gebratener, säuerlich marinierter Fisch

AUCH ALS VORSPEISE GEEIGNET

Die Notwendigkeit, Lebensmittel über längere Zeit haltbar zu machen, hat auch in Sardinien zu einer Reihe einfacher und dennoch delikater Gerichte geführt. Eines der bekanntesten ist das Scabècciu.

- Die Fische schuppen, ausnehmen und gut säubern. Größere Fische in zwei bis drei Stücke teilen, trocken tupfen und im Grieß wälzen.
- In reichlich Öl braten und danach auf Küchenpapier legen, um das überschüssige Öl aufzusaugen.
- Die Fische bzw. die Fischstücke dann in eine möglichst enge und hohe Schüssel legen.
- Gleichzeitig in 2-3 EL Öl den klein geschnittenen Knoblauch leicht andünsten. Die enthäuteten, zerkleinerten und durch ein Sieb passierten Tomaten dazugeben, salzen (Vorsicht, passierte Tomaten aus der Dose sind schon gesalzen!), aufkochen lassen, den Essig dazu geben und etwa zehn Minuten köcheln lassen.
- Die Soße gut über den Fisch verteilen und das Ganze zugedeckt mindesten eine Nacht, besser länger, an einem kühlen Ort marinieren lassen.
- Scabècciu wird kalt serviert. Es kann, besonders an heißen Tagen, als Hauptgericht gegessen werden. Scabècciu ist aber auch eine beliebte Vorspeise. In diesem Fall sollten eher kleine Fische wie Sardinen oder Sardellen genommen werden.
- Das Scabècciu hält sich gekühlt mehrere Tage lang.

Variante
Zu Meeräsche oder Aal passt besser eine Marinade ohne Tomaten („al biancu"). Sie wird grundsätzlich auf die gleiche Art hergestellt. Man lässt nur die Tomaten weg und gibt stattdessen etwas Wasser und zwei Lorbeerblätter dazu.

800-1000 g Fisch (je nach Angebot, gut eignen sich zum Beispiel Sardinen)
feiner Hartweizengrieß (semola fine)
Olivenöl
1 mittelgroße Zwiebel
2 Knoblauchzehen
500 g frische Tomaten
100 ml Weißweinessig
Salz

Baccalà in umido
Klippfisch mit Tomaten und Kartoffeln

Der Baccalà oder Klippfisch, wie er im Deutschen korrekt heißt, hat keine wirkliche Tradition in Sardinien. Dieser gesalzene und getrocknete Fisch wurde allerdings von verschiedenen Besatzern der letzten Jahrhunderte eingeführt und hat deshalb in bescheidenem Maße auch in die sardische Küche Einzug gehalten. Eines der Rezepte, die sich im Laufe der Zeit entwickelt haben, ist dieses mit Kartoffeln.

- Den Baccalà mindestens eine Nacht in Wasser einweichen. Dabei das Wasser öfter wechseln.
- Den Fisch aus dem Wasser nehmen, gut trockentupfen, entgräten und in Stücke von ca. 4 cm schneiden. Die Tomaten enthäuten, Kerne und Flüssigkeit entfernen und das Fruchtfleisch zerkleinern. Die Kartoffeln schälen und in ca. 1/2 cm dünne Scheiben schneiden. Die Zwiebeln in sehr dünne Scheiben schneiden. Die Knoblauchzehen zerdrücken und die Hälfte der Petersilie grob zerkleinern.
- Die Zwiebeln in Öl andünsten, die Knoblauchzehen kurze Zeit dazugeben und wieder herausnehmen. Die Tomaten und die Petersilie dazugeben und alles aufkochen. Den Safran und wenig Salz unterrühren. Nach fünf Minuten den Wein hinzu gießen und alles aufkochen lassen. Nun die Fischstücke und die Kartoffelscheiben vorsichtig unterheben. Alles etwa eine halbe Stunde auf kleiner Flamme zugedeckt köcheln lassen. Heiß und mit frischer, gehackter Petersilie bestreut servieren.

Tipp
Da der Baccalà trotz des Wässerns noch salzig ist, sollte man sehr vorsichtig salzen und lieber zum Schluss nochmals abschmecken und eventuell nachsalzen.

800 g Klippfisch (Baccalà)
400 g frischeTomaten
4 mittelgroße Kartoffeln
2 Knoblauchzehen
2 Zwiebeln
1 Tütchen Safran
1 Glas trockener Weißwein
1 Hand voll Blattpetersilie
Olivenöl
Salz

Sa Burrida crabarissa
Rochen in pikanter Tomatensoße

1200-1500 g Rochenflügel
800 g frische Tomaten
1 mittelgroße Zwiebel
3 Knoblauchzehen
2 Lorbeerblätter
2 getrocknete Peperoncini
150-200 ml Weißweinessig
2-3 EL Olivenöl
Salz
Zucker
(1 Zitrone)

Wenn die Cabraresen von Burrida sprechen, meinen sie nicht die in allen sardischen Kochbüchern zu findende Burrida aus Cagliari. Die Burrida aus Cabras ist ein eigenständiges, rein lokales Gericht, das mittlerweile meist als Vorspeise gegessen wird.

- Die Rochenflügel in Handteller große Stücke schneiden und in reichlich Salzwasser etwa 15 Minuten kochen. Dabei einen Peperoncino, einen kleinen Schuss Essig (etwa 50 ml) und ein Lorbeerblatt mit ins Kochwasser geben.
- Die Fischstücke aus dem Sud nehmen, abkühlen lassen, häuten und größere Stücke eventuell nochmals teilen.
- Die Knoblauchzehen kleinhacken, die Tomaten häuten und passieren. Einen kleinen Peperoncino zerbröseln.
- Den Knoblauch in 2 bis 3 EL Öl leicht andünsten, die Tomaten (als Ersatz passierte Tomaten aus dem Glas, Vorsicht, schon gesalzen!), ein Lorbeerblatt, 1 EL Zucker und den Peperoncino dazugeben. Salzen, aufkochen und eine gute halbe Stunde köcheln lassen. Jetzt den Rest Essig dazu geben (nach Belieben auch einige Zitronenscheiben) und noch fünf bis zehn Minuten weiter köcheln lassen.
- Die Soße (eventuell mit noch ein paar Zitronenscheiben) über den Fisch geben und gut vermischen. Das Ganze zugedeckt mindestens eine Nacht, besser aber 24 Stunden oder länger an einem kühlen Ort marinieren lassen. Kalt servieren.

Variante

Alles vorbereiten wie im Rezept. Dann das Öl erhitzen und 2 EL Zucker darin leicht karamellisieren. Mit dem Rest Essig ablöschen, die Tomaten, den Peperoncino, den Knoblauch und ein Lorbeerblatt in den Topf geben. Die Soße eine gute halbe Stunde köcheln lassen und dann über die gekochten Fischstücke geben. Marinieren lassen wie im Originalrezept.

Sa Burrida cagliaritana
Katzenhai mit Nuss-Soße

800 - 1000 g Katzenhai (Gewicht vor dem Ausnehmen)
10 Walnüsse
1 Hand voll Blattpetersilie
2-3 Knoblauchzehen
1 EL Semmelbrösel
3 EL Olivenöl
1-2 EL Weißweinessig
Salz

Dieses Gericht ist ein wichtiger Bestandteil der Cagliaritaner Küche und wird meist als Vorspeise angeboten. Auch wenn diese Burrida auf der ganzen Insel bekannt ist, wird sie außerhalb von Cagliari selten zubereitet - vielleicht, weil der Katzenhai (Gattuccio di mare) oft als minderwertiger Fisch angesehen wird und gar nicht in den Handel kommt.

- Die Katzenhaie am besten schon vom Fischhändler häuten und ausnehmen lassen. Die Leber unbedingt beiseite legen lassen und mitnehmen, da sie für das Gericht von großer Bedeutung ist. Die Fische in etwa 4 cm lange Stücke hacken lassen.
- Die Fischstücke und die Leber in kochendes Salzwasser geben und circa 10 Minuten garen. Herausnehmen, abtropfen lassen und in eine Schüssel geben.
- Petersilie und Knoblauchzehen sehr klein hacken. Die Nüsse im Mörser zu einer möglichst feinen Masse zerdrücken. Die Fischleber zerkleinern und ebenfalls im Mörser zerreiben.
- Knoblauch und Petersilie im Öl andünsten, ohne dass der Knoblauch braun wird. Nüsse, Leber, Semmelbrösel und Essig dazugeben und unterrühren. Das Ganze unter Umrühren kurz aufkochen lassen.
- Die heiße Masse über die warmen Fischstücke geben und alles gut vermengen. Mindestens 12 Stunden durchziehen lassen und kalt servieren.

Tipp

Katzenhai ist zuhause nur schwer zu bekommen. Wer einen Fischhändler findet, der diesen Fisch besorgen kann, sollte unbedingt darauf hinweisen, dass auch die Leber benötigt wird.

Geschmacklich ist die Burrida aus Cagliari für manchen Gaumen sicherlich etwas eigenwillig. Es lohnt sich aber, sie zu probieren.

Anguila in umido, eines der vielen Rezepte, nach denen Aal – fast immer die kleinen, männlichen Tiere – in Sardinien zubereitet wird.

Anguilla in umido con alloro

Aal in Soße mit Lorbeerblättern

Die Sarden haben zahlreiche Zubereitungsarten für Aale. Eine der beliebtesten ist das einfache Grillen über offenem Feuer. Dafür werden die Aale nacheinander so auf einen Spieß gesteckt, dass jeweils eine Art Fragezeichen entsteht, und über der Glut gegart. Weitere typische Aalrezepte sind auf dieser Doppelseite zusammengestellt. Das folgende zeigt, wie gut Aal mit Lorbeerblatt harmoniert.

- Die Aale, wie im nachfolgenden Rezept beschrieben, gründlich säubern und in Stücke teilen. Den Knoblauch in feine Scheiben schneiden.
- Das Öl erhitzen und darin die Aalstücke und den Knoblauch anbraten. Wenn der Knoblauch leicht braun wird, das Tomatenmark dazugeben und mit dem Öl vermengen. Sofort soviel heißes Wasser angießen, dass die Aalstücke gerade bedeckt sind.
- Die Lorbeerblätter, etwas Salz und den halben zerriebenen Peperoncino dazu geben. Alles zum Kochen bringen und zugedeckt etwa eine halbe Stunde auf kleiner Flamme garen. Heiß servieren.

Variante
Die Aalstücke mit den Lorbeerblättern in heißem Öl braten und salzen. Nach 10 Minuten etwas Vernaccia di Oristano angießen und nochmals 10 Minuten (bei dickeren Stücken länger) weiter garen.

Gut 800 g möglichst kleine Aale
2 Knoblauchzehen
1 gehäufter EL Tomatenmark
2 Lorbeerblätter
1/2 Peperoncino
3 EL Olivenöl
Salz

Anguidda incasada

Aal mit Pecorino sardo

Auch Aal und Pecorino sardo passen ausgezeichnet zusammen, wie dieses traditionelle Rezept zeigt. Für Anguidda incasada sollte man auch möglichst die kleinen (männlichen) Aale wählen, sofern der heimische Fischhändler solche hat.

- Die Aale gut säubern, dabei die Schleimschicht entfernen (am besten mit einem Küchentuch und Meersalz) und ausnehmen. Den Kopf entfernen. Die Aale in 5-8 cm lange Stücke schneiden.
- In einem Topf Salzwasser mit dem durchgepressten Knoblauch und dem Lorbeerblatt zum Kochen bringen. Die Aalstücke in das Wasser geben und je nach Dicke der Fische 10-20 Minuten bei mittlerer Flamme kochen.
- Inzwischen den Pecorino reiben und eine flache Schüssel bereit stellen.
- Den Schüsselboden mit Käse bedecken. Fischstücke aus dem Wasser nehmen, gut abtropfen lassen und auf die Käseschicht geben. Darüber wieder Käse streuen und darauf wieder eine Schicht Fischstücke geben. Die oberste Schicht mit Käse abschließen.
- Das Gericht kann warm serviert werden, schmeckt aber auch kalt sehr gut.

Tipp
Man isst die Haut der Aale mit. Wenn die Aale gut abgerieben sind und dadurch die Schleimschicht entfernt wurde, wird die Haut durch das Kochen durchaus sehr zart.

1 kg kleine Aale
2-3 Knoblauchzehen
1 Lorbeerblatt
200 g Pecorino sardo, gerieben
Salz

Cocciula a schiscionera
Venusmuscheln auf sardische Art

**1 kg Arselle
(vongole veraci,
große Venusmuscheln)
1 Bund Blattpetersilie
2 Knoblauchzehen
1 EL Semmelbrösel
Olivenöl
Salz
(150 ml Vernaccia
di Oristano)**

Wer nach Sardinien kommt, sollte unbedingt Arselle probieren. So nennen die Sarden die auf der Insel vorkommenden Art der vongole veraci, einer besonders großen und schmackhaften Venusmuschelart. Arselle werden als Haupt- oder als Vorspeise gegessen. Sie werden meist auf einfache Art zubereitet, wie das folgende, sehr traditionelle Rezept beispielhaft zeigt. Sollte man zuhause keine vongole veraci bekommen, kann man auch normale Venusmuscheln nehmen.

- Die Arselle für mindestens 1 Stunde, besser deutlich länger, in kaltes, leicht gesalzenes Wasser legen, damit sie sich öffnen und den Sand „ausspucken", den sie meist noch enthalten.
- Petersilie waschen und kleinschneiden, Knoblauch hacken und beides in einer großen Pfanne andünsten.
- Gleichzeitig in einer anderen Pfanne ohne Zugsbe von Öl oder Wasser die gut abgetropften Muscheln erhitzen, damit sie sich öffnen. (Nicht geöffnete Muscheln wegwerfen.) Das beim Öffnen ausgetretene Muschelwasser durchsieben und beiseite stellen.
- Die geöffneten Muscheln mit einer Küchenzange nach und nach in die erste Pfanne geben, dort gut mit der Petersilie und dem Knoblauch vermengen und kurz aufkochen lassen. Etwas von dem Muschelwasser und/oder (abweichend vom traditionellen Rezept, aber sehr zu empfehlen) etwas Vernaccia di Oristano hinzugießen. Auf kleiner Flamme circa 10 Minuten garen.
- 1 EL Semmelbrösel darüber streuen, nochmals durchrühren und nach 1 Minute vom Herd nehmen. Heiss servieren.

Variante
Die Semmelbrösel werden oft weggelassen. Zusätzlich können kleine Tomatenwürfel dazu gegeben werden. Und wer die Arselle leicht scharf mag, gibt etwas zerbröselten Peperoncino dazu.

Zuppetta di arselle e cozze
„Süppchen" von Venus- und Miesmuscheln

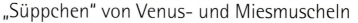

**1/2 kg Arselle
(vongole veraci,
große Venusmuscheln)
1/2 kg Miesmuscheln
300 - 400 g reife
Tomaten
1 Zwiebel
Olivenöl
Salz**

Hier werden die beiden wichtigsten Muschelsorten der Insel in einem Rezept vereint. Dieses Gericht findet man in vielen Restaurants als Vorspeise.

- Die Arselle wie im obigen Rezept beschrieben wässern und die Miesmuscheln gut säubern.
- Zwiebel hacken, Tomaten ent häuten und zerkleinern.
- Die Zwiebel in etwas Öl andünsten. Die Tomaten dazu geben, nur sehr leicht salzen und alles eine gute Viertelstunde köcheln lassen.
- Gleichzeitig die Muscheln in einer großen Pfanne ohne Zugabe von Öl oder Wasser öffnen. Das austretende Muschelwasser durch ein Sieb geben und beiseite stellen.
- Jetzt die geöffneten Muscheln und etwas von dem Muschelwasser zu den Tomaten geben. Vorsichtig durchmischen und noch 5 Minuten kochen. Mit Salz abschmecken und heiß servieren.

Tipp
Auch hier gibt es wieder Variationen. So kann man die Tomaten weg lassen und einen Schuss Weißwein oder etwas mehr von dem Muschelwasser dazu geben.

Arselle, wie die Sarden ihre vongole veraci nennen, in Tomatensud (Variante).

Aragosta lessata
Gekochte Languste

**Ca. 1 kg Languste
1 Zitrone
(Weißweinessig)
Olivenöl
Salz**

Gekocht und mit einer kleinen „salsina" serviert: Das ist die klassische sardische Art, eine Languste zu genießen. Dabei mögen die Sarden keine raffinierten Soßen mit Mayonaise, sondern lassen - ganz auf den Eigengeschmack konzentriert - nur etwas Olivenöl und Zitronensaft oder Essig als Zutaten zu.

- Der noch lebenden Languste mit Küchengarn den Schwanz an die Unterseite des Körpers binden. Wenn ein Fühler abgebrochen sein sollte, diesen mit einem Stück weißem Tuch fest zubinden, um zu verhindern, dass beim Kochen Flüssigkeit aus dem Inneren des Tieres austritt.
- In einem großen, hohen Topf Salzwasser zum Kochen bringen. Dann die Languste hinein geben und ca. 25 Minuten (bei zwei kleineren Tieren etwa 15 Minuten) kochen lassen.
- Den Topf vom Feuer nehmen und das Wasser ewas abkühlen lassen.
- Die Languste herausnehmen, gut abtropfen lassen und über einem tiefen Teller vorsichtig öffnen, damit die in ihr vorhandene Flüssigkeit aufgefangen wird. Auch den Kopf öffnen, die dunkle sämige Masse herausholen und zu der aufgefangenen Flüssigkeit geben.
- Den Schwanzteil mit einer Küchenschere aufschneiden, auseinander ziehen und das Schwanzfleisch herausnehmen. Den Darmstrang entfernen, das Fleisch in fingerdicke Scheiben schneiden und diese auf eine Servierplatte legen.
- Die Flüssigkeit, die dunkle Masse und den Rogen mit etwas Salz verrühren, das Öl nach und nach dazu geben und den Saft einer halben Zitrone oder etwas guten Weißweinessig unterrühren, so dass alles gut sämig wird. Die Soße über die Langustenstücke geben und das Ganze vor dem Servieren einige Zeit bei Zimmertemperatur ruhen lassen.

Tipps
*1. Für das Gericht kann man auch lebende oder vorgekochte Hummer verwenden.
2. Damit die Soße nicht zu wässrig wird, sollte man darauf achten, dass von der besonders aus den Scheren austretenden Flüssigkeit nicht zuviel aufgefangen wird.*

Aragosta arrosto
Languste gegrillt oder gebacken

**Ca.1 kg Languste
(möglichst 1 ganze)
Blattpetersilie
Semmelbrösel
1 Zitrone
(Weißweinessig)
Olivenöl
Salz**

Eine weitere beliebte Methode, Langusten zuzubereiten, ist, sie zu grillen oder im Backofen zu garen.

- Die noch lebende Languste vorsichtig der Länge nach in zwei Stücke schneiden (alternativ s. Tipp).
- Die Langustenhälften mit Öl und Zitronensaft (oder Weißweinessig) beträufeln, etwas zerkleinerte Petersilie darauf geben, Semmelbrösel und etwas Salz darüberstreuen.
- Die beiden Hälften mit der Schnittstelle nach oben auf den Grill (nicht zu nah über der Glut!) oder auf ein Backblech legen. Dabei vorsichtig vorgehen, damit nichts von der gallertartigen Masse verlorengeht, die erst beim Garen zum weißen „Fleisch" wird.
- Die Hälften auf dem Grill zuerst ca. 10 Minuten von der unteren Seite garen. Dann umdrehen und nochmals wenige Minuten auf dem Grill lassen. Zubereitung im Backofen: Das Blech in den auf 180 Grad vorgeheizten Ofen geben und die Languste ca. 30 Minuten garen. Heiß servieren.

Tipp
Wer kein lebendes Tier zerteilen will, kann die Languste zuerst 2-3 Minuten in kochendes Wasser geben, sie dann herausnehmen, teilen und wie beschrieben weiter verarbeiten.

Pilào
Languste (oder Hummer) mit Frègula

Dieses Rezept aus dem Südwesten der Insel überrascht durch die ungewöhnliche Kombination von Languste und Frègula. Es ist ein delikater und durch die Zugabe der Frègula (s. Seite 27) zugleich sättigender „piatto unico", der Primo und Secondo in sich vereint.

- Die Languste bzw. den Hummer kochen und dann mit der Schale in Stücke teilen (den Schwanz in zwei oder drei Stücke schneiden, die Scheren an den Gelenken abtrennen und die großen Stücke nochmals zerschneiden, den Kopf öffnen).
- Die Zwiebel in dünne Scheiben und die enthäuteten Tomaten in Stücke schneiden.
- 2 bis 3 EL Öl in einen Topf geben, und die Langustenstücke zusammen mit der Zwiebel darin anbraten. Die Tomaten sowie Pfeffer und Salz dazu geben. Das Ganze etwa 20 Minuten kochen lassen. Dann die Langustenstücke herausnehmen und beiseite stellen.
- 300-400 ml Wasser dazu geben, dabei die herausgenommenen Langustenstücke vorher mit diesem Wasser abspülen, damit möglichst wenig von der schmackhaften, an den Stücken haften gebliebenen Soße verloren geht.
- Aufkochen lassen, dann die Frègula und einige klein geschnittene Basilikumblätter dazu geben. Je nach Größe der Frègula noch circa 15 bis 20 Minuten kochen. Oft umrühren und bei Bedarf etwas Wasser nach-gießen. Am Ende sollte das Ganze etwas feuchter als ein Risotto sein.
- Nun die Langustenstücke (das Langustenfleisch am besten schon aus der Schale holen und in mundgerechte Stücke teilen) zu der Frègula geben und das Gericht heiß servieren. Man kann auch zuerst die vom Langustengeschmack durchdrungene Fregula essen und die warmgehaltenen Langustenstücke als Hauptgang servieren.

Tipp
Das Originalgericht sieht zwar Langusten vor, das Rezept kann aber auch mit lebendem oder vorgekochtem Hummer zubereitet werden. Dazu eignen sich sogar kleinen Atlantikhummer, die man in heimischen Supermärkten relativ günstig tiefgekühlt kaufen kann.

1 Languste
(oder Hummer)
von ca. 600-800 g
500 g frische Tomaten
300 g Frègula
1 Zwiebel
Basilikum
Olivenöl
Salz und Pfeffer

Bis vor 30/40 Jahren gab es an den Küsten Sardiniens so viele Langusten, dass man sie an manchen Stellen mit den bloßen Händen aus dem Wasser holen konnte. Sie waren ein wichtiger und erschwinglicher Bestandteil der sardischen Küche. Heute sind Langusten auch an Sardiniens Küsten selten geworden und deshalb sehr teuer. Auf Fischmärkten wie dem Mercato San Benedetto in Cagliari (Foto) findet man noch die einheimischen Tiere, woanders oft nur noch tiefgefrorene Importware.

Gamberoni al fil'u feru, mit Tresterschnaps flambierte große Garnelen

Gamberetti alla Vernaccia
Garnelen mit Vernaccia di Oristano

Bei diesem Garnelengericht zeigt der Vernaccia di Oristano besonders deutlich, wie sehr er zu kulinarischen Höhepunkten beitragen kann. Die Kombination Garnelen und Vernaccia ist einfach in der Zubereitung und führt zu einem im Geschmack einzigartigen Gericht. Die Gamberetti können als Haupt- und besonders gut auch als Vorspeise gegessen werden. Da man sie mit den Händen isst, sollten Fingerschälchen mit Zitronenwasser bereitgestellt werden. Diese Gamberetti können im Übrigen ohne Probleme auch für eine größere Zahl von Gästen zubereitet werden.

- Die Petersilie waschen und klein hacken. Den Knoblauch in kleine Stücke schneiden.
- Das Öl in einer Pfanne erhitzen und darin die Garnelen kurz anbraten. Nach 1 bis 2 Minuten die Petersilie und den Knoblauch dazu geben, salzen, pfeffern und das Ganze unter ständigem Rühren nochmals 1 bis 2 Minuten köcheln lassen.
- Jetzt den Vernaccia di Oristano dazu geben und alles zugedeckt etwa 10 Minuten auf kleiner Flamme garen. Heiß servieren und dabei die verbliebene Flüssigkeit über die Garnelen geben.

Tipp
Für dieses Gericht eignen sich sowohl kleine Tiefseegarnelen wie auch größere Garnelensorten oder Scampi. Man kann durchaus auch Tiefkühlware (gänzlich auftauen und gut trocknen!) verwenden. Wichtig ist nur, dass sie roh und ungeschält sind.

800 g rohe ungeschälte Garnelen
3 Knoblauchzehen
1 große Hand voll Blattpetersilie
Olivenöl
150 ml Vernaccia di Oristano
Salz und Pfeffer

Gamberoni al fil'e ferru
Große Garnelen flambiert mit Tresterbrand

Dieses Rezept zeigt wieder einmal, wie in der sardischen Küche mit einfachen Mitteln ungewöhnliche Geschmackskombinationen erzeugt werden. Zu Garnelen wird man Weißwein, Tomaten oder einfach nur Petersilie und Knoblauch erwarten, nicht aber Lorbeerblätter und Tresterbrand. Letzterer heißt in Sardinien fil'u feru (Eisendraht), weil früher die Flaschen mit illegal gebranntem Schnaps vergraben wurden, um sie vor der Finanzpolizei zu verstecken. Damit man die Flaschen später wieder fand, wurde das Versteck mit einem aus der Erde ragenden Eisendraht markiert.

- Die Garnelen waschen, gut trocken tupfen und in eine feuerfeste Form legen.
- Die Knoblauchzehe klein schneiden und mit den Lorbeerblättern zu den Garnelen geben. Salzen und alles gut mit Öl beträufeln.
- Die Form in den auf 190 Grad vorgewärmten Backofen geben und etwa 10 Minuten garen. (Alternativ die Garnelen in einer Pfanne auf kleiner Flamme ebenfalls 10 Minuten garen.)
- Die Form aus dem Backofen (Pfanne vom Herd) nehmen, den Tresterbrand über die Garnelen gießen und anzünden. Wenn der Alkohol verbrannt ist, heiß servieren.

Tipp
Damit sich möglichst wenig Flüssigkeit bildet, sollten die Garnelen (Tiefkühlware gänzlich auftauen!) gut abgetrocknet werden, bevor sie in den Backofen bzw. in die heiße Pfanne kommen. Wenn dennoch zuviel Flüssigkeit entsteht, sollte man sie vor dem Flambieren entfernen.

800 g große Garnelen (Gambas)
1 Knoblauchzehe
3 Lorbeerblätter
Olivenöl
40 ml (sardischer) Tresterbrand oder Grappa
Salz und Pfeffer

Seppie con piselli
Tintenfisch mit Erbsen

1 kg Tintenfische (Sepia)
500 g frische (oder tiefgekühlte) Erbsen
750 ml passierte Tomaten
3 Knoblauchzehen
(evtl.) 1 kleiner Peperoncino
1 Hand voll Blattpetersilie
Olivenöl
100 ml Vernaccia di Oristano oder trockenen Weißwein
Salz
Für die Variante:
1 Zwiebel

Eine unerwartete, sehr leckere Kombination von Fisch und Gemüse verbirgt sich hinter diesem Gericht. Am besten nimmt man für dieses Rezept frische Erbsen oder junge Erbsen aus der Tiefkühltruhe.

• Die Tintenfische ausnehmen und säubern, d.h., auch die dünne Haut abziehen und die Augen herausschneiden. Das kleine gelbe Säckchen mit Flüssigkeit beiseite legen. Größere Tintenfische evtl. in mehrere Stücke teilen. (Es empfiehlt sich, die Tintenfische vom Händler ausnehmen und säubern zu lassen, auch wenn dann die gelbe Flüssigkeit verloren geht.)

• Die Petersilie und den Knoblauch (und den kleinen Peperoncino) zerkleinern.
• Die Tintenfische im heißen Öl einige Minuten andünsten, mit dem Vernaccia ablöschen. Die Petersilie, den Knoblauch, den Peperoncino, die gelbe Flüssigkeit aus den beiseite gelegten Säckchen und die passierten Tomaten dazu geben. Mit heißem Wasser auffüllen, bis die Tintenfische bedeckt sind. Etwa 30 Minuten köcheln lassen.
• Die Erbsen dazugeben, salzen und unterrühren. Alles nochmals ca. 20 Minuten kochen lassen. Evtl. nachsalzen. Heiß servieren.

Variante
Eine Zwiebel in dünne Scheiben schneiden und im Öl andünsten. Die Tintenfische, die Petersilie, die gelbe Flüssigkeit und die Erbsen dazu geben, vorsichtig salzen und mit heißem Wasser auffüllen, bis die Erbsen eben bedeckt sind. Knapp 1 Stunde auf kleinster Flamme köcheln lassen.

Seppioline con frègula
Kleine Tintenfische mit Frègula

700 g kleine Tintenfische
160 g Fregula
2 getrocknete Tomaten
1 Zwiebel
4 Blatt Basilikum
1 Hand voll Blattpetersilie
Olivenöl
Salz

Wieder kommt die Frègula (s. Seite 27) zum Einsatz. Sie saugt die Aromen der Gewürze und des Tintenfisches auf und wird dadurch zu einer außerordentlich leckeren „Beilage".

• Die kleinen Tintenfische säubern und dabei jeweils das Säckchen mit der gelben Flüssigkeit aufheben. Waschen und in mundgerechte Stücke schneiden.
• Zwiebel, getrocknete Tomaten, Petersilie und Basilikumblätter sehr fein hacken.
• Die Tintenfischstücke in etwas Öl vorsichtig andünsten.

Die Mischung aus den gehackten Tomaten, der Zwiebel und den Kräutern dazu geben und kurz mit dünsten lassen.
• Die gelbe Flüssigkeit dazu geben und von der Masse aufsaugen lassen. Jetzt mit einem halben Liter Wasser auffüllen, salzen und alles zum Kochen bringen. Ca. 15 Minuten bei mittlerer Hitze kochen, die Frègula in die Flüssigkeit einrühren und je nach Größe der Frègula 15 bis 20 Minuten weiterkochen lassen. Mit Salz abschmecken und heiß servieren.

Tipp
Bei diesem Gericht kann man sehr gut auf einen primo piatto verzichten. Denn es ist reich an Kohlehydraten und deshalb sehr sättigend.

Tintenfische und Erbsen passen vorzüglich zueinander.

Einfach und klassisch: Calamari vom Grill

Calamari arrosto
Gegrillte Calamari

Die einfachste Art, Calamari zuzubereiten, ist, sie zu grillen. Hierbei kommt der Eigengeschmack besonders gut zur Geltung. Typisch sardisch kommen die Tintenfische ohne weitere Zutaten oder Gewürze und ohne ausgenommen zu werden auf den Rost. Letzteres geht natürlich nur, wenn sie absolut frisch sind. Zuhause sollte man die Calamari jedoch ausnehmen. Für die Glut nimmt man eigentlich aromatisches und gut getrocknetes Holz. Es geht allerdings auch mit normaler Holzkohle oder auf dem Elektrogrill.

- Die Glut vorbereiten. Die Calamari, wenn sie nicht absolut frisch sind, ausnehmen, waschen und trocken tupfen.
- Die Calamari auf den Rost legen und bei mittlerer Hitze grillen. Eine Schüssel mit Salzwasser bereit stellen und die Calamari mit Hilfe eines „Pinsels" aus einigen Petersilienstängeln immer wieder benetzen. So werden sie vor dem Austrocknen bewahrt, gesalzen und leicht aromatisiert. Die Calamari nach etwa 15 Minuten wenden und nochmals 10 bis 15 Minuten fertig grillen. Heiß servieren.

Tipp
Wenn man die pure klassische Art etwas variieren möchte, kann man die gegrillten Calamari auf einer Mischung aus kleinen Zitronenstückchen und gehackter Petersilie anrichten.

800 g Calamari
Blattpetersilie
Salzwasser
(1 Zitrone)

Calamari ripieni
Gefüllte Calamari

Wer Calamari bisher nur frittiert kennt, wird vielleicht erstaunt sein, dass man aus diesen Meeresbewohnern auch noch andere, leckere Gerichte herstellen kann. Das folgende Rezept sollte man allein schon deshalb einmal ausprobieren – auch wenn es beim heimischen Fischhändler nur normale Calamari und nicht die länglichen, spitz zulaufenden Totani gibt.

- Die Calamari ausnehmen und säubern (evtl. vom Fischhändler machen lassen). Die Tentakel abschneiden und in mit etwas Zitronensaft versetztem Salzwasser etwa 15 Minuten kochen.
- Sardellenfilets, Knoblauchzehen, Petersilie und die gekochten Tentakel sehr klein schneiden. Das Ei, wenig Salz, etwas Pfeffer und soviel Semmelbrösel dazu geben, dass eine relativ feste Masse entsteht.
- Mit dieser Masse die rohen Calamari füllen. Die Öffnungen mit Küchengarn zunähen oder mit Zahnstochern gut verschließen.
- Die gefüllten Calamari auf ein mit Öl bestrichenes Backblech oder in eine feuerfeste Form legen, mit Öl beträufeln und bei ca. 180 Grad im Backofen 20 bis 30 Minuten garen. Die Calamari sollen am Ende weich und leicht gebräunt sein. Heiß servieren.

Variante
Einfacher als dieses klassische Rezept ist die folgende Variante: Die Tentakeln leicht in Öl andünsten und dann mit Petersilie, Knoblauch und Semmelbrösel vermengen. Etwas Vernaccia di Oristano dazu geben, bis eine homogene Masse entsteht. Damit die Calamari füllen.

800 – 1000 g Calamari (möglichst die länglichen Totani)
3-4 eingelegte Sardellen
2 Knoblauchzehen
1 Hand voll Blattpetersilie
1 Ei
Semmelbrösel
Olivenöl
Salz und Pfeffer

Pruppu buddiu
Oktopus gekocht

**1 kg Oktopus (Polpo), möglichst ein ganzes Tier
1 Knoblauchzehe
Blattpetersilie
Olivenöl
Weißweinessig
Pfeffer
Salz**

Oktopus, Krake, Polpo oder wie auch immer man ihn nennt, es sollte der „polpo vero", der echte Oktopus - möglichst aus dem Mittelmeer - sein, den man an den zwei Reihen Saugnäpfen auf den Armen erkennt. Die Sarden essen diesen Meeresbewohner, der bisher reichlich an den Küsten der Insel vorkommt, sehr gern. Vor allem kommt er gekocht, als Salat, auf den Tisch - als Hauptgericht oder auch als Vorspeise.

• Den Oktopus gut reinigen (auch die dünne Haut im Beutel entfernen) und abspülen.
• Reichlich Salzwasser zum Kochen bringen und den Oktopus in das sprudelnde Wasser geben. Bei mittlerer Hitze gut eine halbe Stunde kochen. Den Oktopus im Wasser erkalten lassen. Das lässt ihn schön zart werden.
• Wenn er abgekühlt ist, in etwa 1–2 cm große Stücke schneiden, die Petersilie und den Knoblauch hacken und alles in einer Schüssel vermengen. Salzen, pfeffern und mit Öl und etwas Essig anrichten.
• Möglichst einige Zeit durchziehen lassen. Evtl. noch einmal mit etwas Salz abschmecken und kalt servieren.

Varianten
Manche bereiten diesen Salat ohne Knoblauch zu und lassen auch noch die Petersilie weg. Auch auf die Zugabe von Essig wird in einigen überlieferten Rezepten verzichtet. Nicht mehr traditionell, aber doch sehr lecker ist auch die Variante, in der statt des normalen Weißweinessigs ein guter Balsamico verwendet wird.

Pruppu piccante
Oktopus mit getrockneten Tomaten und Kapern

**1 kg frischer oder gefrorener Oktopus (Polpo), möglichst ein ganzes Tier
ca. 100 g getrocknete Tomaten
50 g Kapern
1 Knoblauchzehe
Blattpetersilie
100 ml Olivenöl
150 ml Weißweinessig
Salz**

Mit diesem Rezept bekommt der Oktopus-Salat eine ganz neue Geschmacksnote. Dieses Gericht kann zudem in Ruhe vorbereitet werden – erst recht wenn Gäste kommen und kurz vor dem Essen sowieso noch sehr viel zu tun ist.

• Die getrockneten Tomaten in Wasser einweichen. Den Oktopus gründlich reinigen und abspülen.
• Den Oktopus wie im obigen Rezept beschrieben in das sprudelnde Salzwasser geben. Bei mittlerer Hitze gut eine halbe Stunde kochen. Den Oktopus im Wasser erkalten lassen! Wenn er abgekühlt ist, in etwa 1-2 cm große Stücke schneiden und in eine Schüssel geben.
• Die Petersilie, den Knoblauch, die eingeweichten und vom Salz befreiten Tomaten sowie die Hälfte der Kapern klein hacken und in dem Öl andünsten. Mit dem Essig ablöschen und das Ganze kurz aufkochen lassen. Die heiße Vinaigrette über die Oktopusstücke schütten und die restlichen Kapern dazugeben. Vorsichtig salzen und gut durchmengen.
• Mindestens 10 Stunden durchziehen lassen. Evtl. noch einmal mit etwas Salz abschmecken und kalt servieren.

Tipp
Oktopus oder Krake, wie die eigentliche aber wenig gebräuchliche deutsche Übersetzung lautet, ist tiefgekühlt wesentlich preiswerter als frisch. Eher als bei dem vorherigen Gericht kann man bei dieser pikanten Version auch auf solche Tiefkühlware zurückgreifen. Die Zubereitung nach dem Auftauen ist die gleiche wie bei frischer Ware.

Der gekochte Oktupus als „einfacher" Salat (Rezept links oben) ist eine wahre Delikatesse.

Secondi di Terra

Zweiter Gang von Feld und Weide

Trattalia, eine Delikatesse mit uralter Tradition (Seite 101)

Porchetto (o agnello o capretto) arrosto
Milchschweinchen (oder Lamm oder Zicklein) am Spieß

1 Milchschweinchen von 5-6 kg oder ein Milchlamm oder –zicklein (bzw. jeweils ein halbes Tier)
1 Speckschwarte
Meersalz

Die hier beschriebene Methode, Fleisch am offenen Holzfeuer zu garen, ist sicherlich die archaischste von allen. Schon Homer beschrieb sie in der Odyssee. Die Sarden haben sie bis heute beibehalten und kultiviert. Ob Milchlamm, -zicklein oder Milchschweinchen – die Zubereitung ist im Prinzip bei all diesen Tieren gleich. Sie ist bis heute Männersache. Um das Feuer und das Grillen kümmern sich die Männer, für die es Ehrensache ist, dass am Ende ein gut gares, saftiges und an den richtigen Stellen krosses Fleisch auf den Tisch kommt. Grillen ist für die Sarden fast etwas Heiliges, auf jeden Fall etwas , das nach einem bestimmten Ritual abläuft und viel Erfahrung und Geschick erfordert. Sehr schön verdeutlicht das ein Zitat aus dem Buch „Das Meer und Sardinien" von D. H. Lawrence, das auf der nächsten Doppelseite nachzulesen ist.

Das kleine Milchschweinchen, das Porceddu arrostu oder italienisch Porchetto arrosto ist heute so etwas wie das „Nationalgericht" der Sarden. Der gewachsene Wohlstand und der Tourismus haben dazu geführt, dass es oft (nach Meinung mancher Sarden sogar zu oft) auf den Tisch kommt und nicht mehr wie früher nur zu Festlichkeiten. Die große Nachfrage nach Milchschweinchen kann durch die Bauern in Sardinien alleine nicht mehr befriedigt werden. Deshalb kommen heute viele der Schweinchen vom Festland oder aus dem Ausland.

- Zunächst reichlich Glut erzeugen, entweder mit aromatischen Hölzern oder mit Holzkohle.
- Das vom Metzger ausgenommene und gesäuberte Schweinchen bzw. das Lämmchen oder Zicklein auf einen langen Spieß stecken (wenn es ein ganzes Tier ist, die Beine so zur Seite biegen und ggf. an kleinen Querstangen festbinden, dass die Hitze auch das Innere des Tieres gut erreichen kann.
- Den Spieß so neben dem Feuer aufstellen, dass das Fleisch zwar gegart wird, aber nicht verbrennt. (Auch wenn, wie heute meist üblich, das Tier mithilfe eines elektrischen Drehspießes am Grill zubereitet wird, soll es nicht direkt über sondern neben der Glut drehen.) Den Spieß immer wieder drehen, damit alle Seiten gleichmäßig gegart werden.
- Von Zeit zu Zeit ein Stück Schweinespeck auf einen anderen Stab stecken und über dem Feuer zum Schmelzen bringen. Dann das tropfende Fett auf das Fleisch träufeln lassen. (Auf diese Prozedur wird beim Porceddu oft auch verzichtet, weil es selbst eher fettes Fleisch hat und zudem eine Seite durch die Schwarte gut vor dem Austrocknen geschützt ist.) Erst nach mindestes der Hälfte der Garzeit (die bis zu vier Stunden betragen kann) salzen.
- Das Schweinchen (nicht aber Lamm oder Zicklein) zum Ende der Garzeit noch für einige Minuten über die schon deutlich reduzierte Glut legen, damit die Schwarte schön kross wird.
- Das gegarte Tier mit einem Messer in Stücke teilen und heiß servieren. Das Spanferkelchen schmeckt auch kalt gut und wird manchmal auf einem Bett von frischen, aromatischen Myrtenzweigen serviert. Diese sind außerhalb Sardiniens allerdings leider nicht zu bekommen.

Tipp
In Sardinien kann man bei jedem Metzger ein ganzes, halbes oder auch ein Viertel Porchetto kaufen. In Deutschland, Österreich oder der Schweiz ist so ein Milchschweinchen von fünf bis sechs Kilogramm nur schwer zu bekommen. Am besten fragt man hier einen auf Sonderwünsche eingestellten Metzger. Wenn man Glück hat, erfährt man eine Bezugsquelle über ein sardisches Restaurant. Beim Erzeuger selbst einzukaufen ist meist nicht von Erfolg gekrönt, denn heimische Bauern schlachten so kleine Tiere in der Regel nicht. Auch ein Milchlamm oder -zicklein bekommt man zuhause nicht überall und wenn, dann nur auf Bestellung.

Porceddu arrostu – fertig gegrillt und sorgsam zerteilt

Der Röstmeister und das Zicklein
Von der Kunst des Grillens

Eine besonders eindringliche Beschreibung der Zubereitung eines Zickleins am offenen Feuer liefert das folgende Zitat aus dem Reisebericht „Das Meer und Sardinien" des großen englischen Schriftstellers D.H. Lawrence, der im November 1919 mit seiner deutschen Lebensgefährtin durch Sardinien reiste. Hier wird nochmals verdeutlicht, was auf der vorherigen Seite beschrieben wurde. Das Grillen ist für die Sarden mehr als nur eine Zubereitungsart. Es ist eine Passion.

Die traditionelle Art, Milchschweinchen, Lamm oder Zicklein am Spieß zu grillen

„... Es war ein Zicklein, das er sich braten wollte. Und das Zicklein war schon ausgenommen, die Hälften flach ausgebreitet und so aufgespießt, daß sie wie ein offener Fächer auf dem langen Eisen staken. Das sah ganz merkwürdig aus. Und es muß einige Arbeit gekostet haben. An der Stange hing das ganze, abgehäutete Zicklein. Der Kopf barg sich an der Schulter, die stumpf abgeschnittenen Ohren, die Augen, die Zähne, einzelne Haare um die Nasenlöcher, alles war vollständig. Und die Füße waren seltsam zurückgerollt, als ob das Tier seine Vorderpfoten über den eingezogenen Kopf höbe. Die Hinterbeine waren auf unbeschreibliche Weise verschränkt, und das Ganze war flach auf den Eisenspieß aufgezogen, so daß eine völlig platte Form entstanden war. ...

Der alte Mann richtete das Feuer her und schwenkte das flache Zicklein wie ein Banner. Dann stieß er die Spitze des Spießes in die Kaminwand. Er selbst kauerte sich im Halbschatten der gegenüberliegenden Seite auf die Kaminplatte ans Feuer und hielt sein Ende des langen Eisenstabes fest. So hing das Zicklein über dem Feuer wie ein Wandschirm ausgespannt. Und er konnte es wenden, wie er wollte. ...

Wir fragten ihn, ob das Zicklein für das Abendessen sei, und er sagte ja. Das würde schmecken! Wieder stimmte er zu und betrachtete besorgt die Asche auf dem Braten, dort wo er abgerutscht war. Es geht gegen die Ehre, daß der Braten an die Asche kommt. Braten sie sich alle ihr Fleisch so? Er sagte ja. Und ist es nicht sehr schwer, das Zicklein so auf das Eisen zu spießen? Er sagte, leicht sei es nicht, und musterte seinen Braten genau, tastete nach einem der Vorderbeine und murmelte, es sei nicht ganz richtig gemacht. ...

Dann griff er nach der Kerze und prüfte das Zicklein.

Er verstand sich augenscheinlich darauf, den Braten zu bereiten. Er hob seine Kerze und beobachtete eingehend die brutzelnde Seite des Bratens, wie ein Zeichendeuter.

Dann schob er seinen Spieß wieder übers Feuer, und es war, als ob eine unvordenkliche Zeit sich selber ein Mahl bereite. ...

Es dauerte lange, die Zicke zu braten, da das

Fleisch dem Feuer nie zu nahe kommen durfte. Von Zeit zu Zeit ordnete der Röstmeister das rotglühende Wurzelwerk in der Kaminhöhle neu an. Dann warf er neues Reisig auf. Es war sehr heiß. Er drehte seinen langen Spieß ...

Der alte Mann stützte seinen Spieß ab und verschwand auch für eine Weile. Die dünne Kerze tropfte, das Feuer flammte nicht mehr, sondern glomm rot. Der Röstmeister erschien nun wieder mit einem kürzeren Spieß, auf den ein großer Klumpen rohen Schweinefetts gesteckt war. Er schob ihn in die Glut. Es brutzelte und spritzte. Ich fragte mich, was das sollte. Er sagte, es solle Feuer fangen. Es wollte nicht. Er kroch in die Kaminhöhle und sammelte Reisig, mit dem das Feuer angezündet worden war. Er steckte es in das Fett, wie man eine Apfelsine mit Gewürznelken spickt, und hielt es wieder ins Feuer. Endlich flammte es auf und wurde eine Art Fackel, aus der ein dünnes Geriesel aufsprühenden Fetts abtriefte. Und jetzt war er zufrieden. Er hielt die Fett-Fackel mit ihrem gelben Geflacker über das sich bräunende Zicklein, das er dazu in eine waagerechte Lage brachte. Die flammenden Tropfen regneten auf den Braten, bis das Fleisch glänzend und braun wurde. Er drehte es wieder ins Feuer und hielt das schrumpfende Fett, das bläulich brannte, die ganze Zeit darüber. ...

... immer noch hielt unser Röstmeister das nicht fertig werdende, flache Zicklein über die nun rote, flammenlose Glut. Die Fettfackel war abgebrannt, und die Asche war über das Feuer geschoben. Es flackerte einen Moment auf, war dann wieder eindringlich rot, und unser Zicklein hing davor wie eine große schwarze Hand.

Der alte Röstmeister knurrte und zog sein Messer aus der Tasche. Langsam und vorsichtig ließ er die Klinge in das Fleisch eindringen, soweit das Messer in ein Stück Zickenbraten eindringen kann. Er schien das Fleisch inwendig abzutasten. Und dann sagte er, es sei noch nicht fertig. Er schüttelte den Kopf und hockte sich wieder wie Zeit und Ewigkeit mit seinem Spieße hin. ...

Schließlich entschied der alte Röstmeister, das Zicklein sei fertig. Er hob es vom Feuer weg und untersuchte es sorgfältig, er hielt die Kerze dicht heran, als sei ein wunderbares Epistel im Licht der Flammen zu lesen. Er wollte sicher sein, daß es köstlich aussah und gut roch: braun und knusprig und heiß und saftig und an keiner Stelle verbrannt."

Zitiert aus: D.H. Lawrence, Das Meer und Sardinien, 1985, Diogenes Verlag Zürich, S.141 ff

Ein Festessen für die Sarden - im wahrsten Sinne des Wortes. Große Mengen von gegrillten Schweinchen beim Fest der „Madonna del Rimedio"

Anzone e fenugheddu
Lamm mit (wildem) Fenchel

1 kg Lammfleisch (wenn möglich Milchlamm, sonst Lammkeule oder -schulter)
500 g wilder (oder normaler) Fenchel
400 g frische Tomaten (oder eine kleine Dose Pizzatomaten)
1 große Zwiebel
3 EL Olivenöl
Pfeffer und Salz

Der Fenchel gibt dem Lamm einen sehr feinen und besonderen Geschmack. Zudem macht er das Gericht leichter verdaubar.

- Den Fenchel waschen, in mundgerechte Stücke teilen und in gesalzenem Wasser 10 bis 15 Minuten kochen (normalen Fenchel nur blanchieren). Die Tomaten enthäuten und klein schneiden.
- Das Fleisch in (nicht zu kleine) Stücke schneiden und in der Hälfte des Öls anbraten (am besten in einem großen gusseisernen Topf), bis es von allen Seiten leicht gebräunt ist und die Flüssigkeit ausgeschwitzt hat. Die Fleischstücke aus dem Topf nehmen und beiseite stellen.
- Das restliche Öl in den Topf geben und darin die klein geschnittene Zwiebel anschwitzen, bis sie glasig ist. Das Fleisch wieder dazu geben, salzen und pfeffern. Die Tomatenstücke unter das Fleisch rühren.
- Nach 20 Minuten den Fenchel und etwas von dessen Kochwasser dazu geben. 30 bis 40 Minuten ohne Deckel garen und dabei die Flüssigkeit weitgehend verkochen lassen (bei Bedarf nochmals etwas Wasser hinzufügen und rühren, um ein Anbrennen zu vermeiden). Mit Salz abschmecken und heiß servieren.

Tipp
Wilder Fenchel wächst in Sardinien an Wegrändern und auf Brachen. Er ist allerdings auf heimischen Märkten nicht zu finden. Deshalb muss man zuhause normalen Fenchel verwenden, der zwar nicht so intensiv schmeckt, die besondere Note dieses Gerichtes aber noch erahnen lässt. Dabei sollte man das zarte Fenchelgrün mit verwenden.

Agnello con carciofi
Lamm mit Artischocken

1 kg Lammfleisch (wenn möglich Milchlamm)
6 - 8 Artischocken
2 getrocknete Tomaten
Blattpetersilie
1 Knoblauchzehe
100 ml Weißwein
etwas Zitronensaft
Olivenöl
Pfeffer und Salz

Die kleinen stacheligen Artischocken sind aus der sardischen Küche nicht mehr wegzudenken. Das folgende Rezept ist eines der wichtigsten Lammgerichte der Insel. Ausprobieren lohnt sich – auch wenn nicht die echten sardischen Artischocken, sondern nur „normale" zu bekommen sind.

- Das Fleisch in mittelgroße Stücke schneiden. Den Knoblauch, die (vorher eingeweichten und vom Salz befreiten) Tomaten und eine Hand voll Petersilie zerkleinern. Die Artischocken großzügig schälen (s. dazu Seite 41), wenn sie groß sind, halbieren oder vierteln. Wenn die Stiele noch frisch sind, auch diese großzügig schälen und den hellen Kern ebenfalls in Stücke schneiden. Die Artischocken in Zitronenwasser geben, damit sie nicht braun werden.
- In einer Kasserolle Olivenöl erhitzen und darin die Fleischstücke goldbraun anbraten. Dann die zerkleinerten Tomaten, die Petersilie und den Knoblauch dazugeben und ebenfalls mit andünsten. Salzen und pfeffern.
- Mit dem Wein ablöschen. Wenn dieser verdunstet ist, die Artischockenstücke in die Kasserolle geben, 2 Suppenkellen Wasser dazu geben und alles auf mittlerer bis kleiner Flamme kochen lassen, bis das Wasser weitgehend verdunstet ist. Bei Bedarf nochmals etwas Wasser hinzufügen und auch verkochen lassen. Heiß servieren.

Tipp
Lamm in Sardinien ist in der Regel Milchlamm. Das Fleisch wird mit den Knochen zerteilt und zubereitet. Beim Essen darf man dann durchaus auch die Finger zu Hilfe nehmen.

Lamm mit wildem Fenchel, der in Sardinien an den Wegrändern wächst

Pecora bollita con patate e cipolle – ein Gericht, das sardische Hirten zu ihren Festen zubereiten

Anzone in biancu
Lamm mit Ei und Zitrone

Das folgende, sehr traditionelle Rezept scheint auf den ersten Blick befremdlich. Wo sonst Tomaten, Gemüse oder Wein das Lammfleisch verfeinern, treten hier Eier und Zitronensaft in Aktion. Der Geschmack ist fein und überraschend. Diese etwas andere Zubereitungsart für Lamm gelingt mit ein wenig Fingerspitzengefühl sehr gut und ist auch zuhause einfach nachzukochen.

- Das Fleisch in nicht zu kleine Stücke schneiden, die Zwiebel hacken.
- In einem Bratentopf Olivenöl erhitzen und das Fleisch mit der Zwiebel darin kurz anbraten, ohne es dabei zu bräunen. Den Topf gut verschließen und das Ganze auf kleiner Flamme etwa 1 Stunde köcheln lassen. Einige Male umrühren und – nur wenn nötig, um zu verhindern, dass das Fleisch ansetzt – etwas Wasser oder Brühe zugeben.
- Zwischenzeitlich die Zitrone auspressen und den Saft beiseite stellen. Die Eier in einer Schüssel mit dem Schneebesen schaumig schlagen.
- Kurz vor dem Servieren des Gerichts den Zitronensaft unter die geschlagenen Eier rühren und das Ganze über das Fleisch gießen. Alles nur kurz verrühren, bis die Soße ein wenig andickt. Sie darf nicht fest und trocken werden. Vom Herd nehmen und heiß servieren.

Tipp
Bei diesem Rezept unbedingt darauf achten, die Eimasse erst dann dazu zu geben, wenn das Fleisch wirklich gar ist und sofort serviert werden kann.

1 kg Lammfleisch (wenn möglich vom Milchlamm)
1 Zwiebel
3 Eier
1 Zitrone
Olivenöl
Salz

Pecora bollita con patate e cipolle
Gekochtes Schafsfleisch mit Kartoffeln und Zwiebeln

Dieses Rezept unterstreicht noch einmal, dass die Sarden ein Hirtenvolk sind. Auch für das Fleisch von älteren Schafen, welches oft schon etwas zäher als Lammfleisch ist, gibt es traditionelle Zubereitungsarten. Hier zum Beispiel wird das Fleisch in einer aromatischen Brühe gekocht und so zum zarten Hauptbestandteil eines deftigen und schmackhaften Gerichtes.

- In einem großen Topf 2 - 3 Liter Wasser aufsetzen.
- Das Fleisch mit den Knochen in große Stücke teilen (am besten schon vom Metzger zerteilen lassen) und gut abspülen. Die Kartoffeln schälen und gegebenenfalls halbieren.
- Die getrockneten Tomaten, 1 Zwiebel und (optional) den Sellerie in Stücke schneiden und mit dem Fleisch in das noch kalte Wasser geben.
- Ab dem Zeitpunkt, an dem das Wasser anfängt zu kochen, das Ganze noch mindestens 1 1/2 Stunden auf mittlerer Flamme kochen lassen. Die restlichen 4 Zwiebeln schälen und ganz dazu geben. Nach fünf Minuten auch die Kartoffeln dazu geben, nur leicht salzen (die getrockneten Tomaten haben schon Salz ins Wasser abgegeben) und alles so lange weiter kochen lassen, bis die Kartoffeln gar sind.
- Fleisch und Kartoffeln aus der Brühe nehmen und heiß servieren. Bei Tisch nach Bedarf nachsalzen.

Tipps
1. Wenn der Metzger kein Schaffleisch besorgen kann, sollte man das Gericht einfach mit Lammfleisch machen, das zuhause sowieso meist von etwas älteren Tieren stammt.
2. Die Brühe, die beim Kochen des Fleisches entsteht, ist eine gute Grundlage für eine Suppe, zum Beispiel mit neuem Wurzelgemüse und Frègula oder kleineren Nudeln als Suppeneinlage.
3. Traditionell kocht man in der Brühe auch noch Malluredus als Primo Piatto.

1,5 kg Fleisch vom Schaf (bzw. vom großen Lamm), zum Beispiel Schulter, Hals und Beinscheiben
8 mittelgroße Kartoffeln
3 getrocknete Tomaten
optional: 1 Stange Sellerie
5 Zwiebeln
Salz

Secondi Piatti - Terra

Ghisau
Sardischer Gulasch

**800 g Rindfleisch
500 g Kartoffeln
300 g frische Tomaten
(oder gut 200 g passierte Tomaten aus dem Glas)
1 Zwiebel
Fleisch- oder Gemüsebrühe
Salz und Pfeffer
Olivenöl**

Ghisau ist eigentlich nur das sardische Wort für Geschnetzeltes. So findet man das folgende Rezept manchmal auch mit anderen Fleischsorten, etwa Lamm oder Hühnchen. Aber meist ist heute - wenn von Ghisau die Rede ist - die Variante mit Rindfleisch gemeint. Besonders geeignet für dieses sehr leckere Gericht ist das Fleisch der sogenannten Bue rosse, einer wieder entdeckten alten sardischen Rinderrasse, der sarda modicana, die insbesondere im Norden von Oristano auf den Weiden des Monti Ferru gehalten wird.

• Das Fleisch wie für ein Gulasch in Würfel schneiden, die Kartoffeln schälen und in ca. 2 bis 3 cm dicke Würfel schneiden. Die Tomaten enthäuten und in sehr kleine Stücke schneiden bzw. passieren, die Zwiebel schälen und klein hacken.

• Olivenöl in einer Kasserolle erhitzen. Die Fleischstücke darin anbraten, bis sie von allen Seiten goldbraun geworden sind. Die Zwiebeln dazu geben und ebenfalls Farbe annehmen lassen. Dann die Tomaten dazu geben und das ganze 15 Minuten kochen lassen. Jetzt die Kartoffelwürfel, 1/2 TL Salz, etwas Pfeffer und einen Schöpflöffel Brühe dazu geben.

• Das ganze etwa eine 3/4 Stunde lang köcheln lassen, dabei ab und zu umrühren und kontrollieren, ob die Flüssigkeit nicht zu sehr eingekocht ist. Evtl. noch etwas Brühe dazu geben. Bevor das Gericht serviert wird, etwas ruhen und durchziehen lassen.

Tipp
Nach dem Anbraten das Fleisch mit einem Schuss Vernaccia di Oristano (oder trockenem Weißwein) ablöschen.

Die alte Rinderrasse Sarda modicana, auch Bue rosse genannt, wurde in den letzten Jahrzehnten in den Dörfern am Gebirgsmassiv Monti Ferru, nördlich von Oristano, wieder gezüchtet. Das Fleisch dieser Tiere ist heute wegen seiner hohen Qualität und seines guten Geschmacks sehr gefragt. Es ist ideal für die auf dieser Doppelseite beschriebenen Rezepte.

Arrosto morto

Kalbsbraten mit Kapern

Der Name Arrosto morto steht nicht nur in Sardinien für Braten, die in der Kasserolle und nicht am Spieß oder auf dem Rost über dem fuoco vivo, dem lebendigen Feuer, zubereitet werden. Diese sardische Variante ist vor allem durch die Zugabe von Kapern geprägt.

- Das Stück Kalbsbraten gegebenenfalls mit Küchengarn (oder mit Zahnstochern) so binden, dass es von allen Seiten fest ist und gleichmäßig angebraten werden kann.
- Die Zwiebel und den Knoblauch schälen, die Karotten säubern und die Petersilie waschen. Alles gut zerkleinern. Von der Zitrone eine 1/2 cm dicke Scheibe abschneiden, die Schale und die weiße Haut entfernen. Die Kapern waschen.
- Das Fleisch leicht mit Mehl bestäuben und in einer Kasserolle in etwas Olivenöl von allen Seiten goldbraun anbraten.
- Dann Zwiebel, Knoblauch, Karotte und Petersilie sowie die Kapern zum Fleisch geben und kurz andünsten. Alles mit dem Weißwein ablöschen, die Zitronenscheibe dazu geben.
- Die Kasserolle mit Pergamentpapier oder Alufolie abdecken und den Deckel darauf geben, damit die Flüssigkeit nicht verdampfen kann. Die so abgedichtete Kasserolle im vorgeheizten Backofen bei 170 Grad mindestens 1 1/2 Stunden garen.
- Dann das Fleisch in dünne Scheiben schneiden, auf eine Vorlegeplatte geben und den durchgesiebten Sud aus der Kasserolle darüber geben. Heiß servieren.

Variante
Manchmal wird auf die Zitronenscheibe verzichtet

800 g Kalbsbraten
1 1/2 EL Kapern
1 Zwiebel
1 Karotte
2 Knoblauchzehen
ca. 10 ml Weißwein
1 Hand voll Blattpetersilie

Coiéttas

Sardische Rouladen

Auch wenn die Vorbereitung etwas Mühe kostet, sie lohnt sich. Die Kombination von feinem Rindfleisch mit Petersilie und Knoblauch ergibt einen delikaten Geschmack. Der „sughetto", die Mischung aus gutem Olivenöl, Bratensaft und eingekochter Brühe ist ein zusätzlicher Genuss. In der Gegend um Oristano wird dabei die Brühe oft durch Vernaccia di Oristano ersetzt. Das gibt dem Fleisch und der Soße einen ganz besonderen Geschmack.

- Den Speck, die Petersilie und den Knoblauch sehr klein hacken und unter Zugabe von ein paar Tropfen Olivenöl gut vermischen, so dass eine streichbare Masse entsteht.
- Die Fleischscheiben dünn damit bestreichen, zu Rouladen aufrollen und mit Zahnstochern verschließen. Die Rouladen sollten nicht zu groß sein, sehr große Scheiben deshalb halbieren.
- Die Rouladen im heißen Olivenöl von allen Seiten goldbraun anbraten. Salzen, mit Brühe oder Vernaccia di Oristano ablöschen und auf moderater Flamme 10 bis 15 Minuten in der Flüssigkeit garen. Heiß servieren.

Tipp
Wenn man diese sardischen Rouladen zuhause zubereitet, sollte man den Metzger bitten, das Fleisch deutlich dünner als für heimische Rouladen üblich zu schneiden.

8 Scheiben Rindfleisch, sehr dünn geschnitten
100 g durchwachsener Speck (Dörrfleisch)
2 Knoblauchzehen
1 große Hand voll Blattpetersilie
200 ml Fleisch- oder Gemüsebrühe (alternativ: Vernaccia di Oristano)
Olivenöl
Salz

Bombas
Hackfleischbällchen in Tomatensoße

500 g Rinderhack
Semmelbrösel
2 Eier
1 Hand voll Blattpetersilie
1 oder 2 Knoblauchzehen
500 g frische Tomaten
1 Zwiebel
4 Basilikumblätter
Olivenöl
Salz
(optional: 50 g geriebener Pecorino sardo)

Einfach zu machen und sehr lecker sind diese sardischen Hackfleischbällchen. Da sie in einer Tomatensoße gegart werden, bekommen sie einen delikaten Geschmack, den man bei Hackfleischbällchen gar nicht erwartet.

- Petersilie und Knoblauch zerkleinern und mit dem Hackfleisch, den Eiern, (optional dem geriebenen Pecorino), etwas Salz und Semmelbröseln vermengen. Soviel Semmelbrösel dazu geben, wie nötig ist, um eine nicht zu feuchte und gut formbare Masse zu erhalten.
- Die Hände anfeuchten und aus der Masse kleine Bällchen von 3 bis 4 cm Durchmesser formen.
- Die Tomaten enthäuten und in Stücke schneiden. Die Zwiebel klein würfeln.
- Die Zwiebel in Olivenöl anschwitzen, Tomatenstücke und Salz dazu geben. 15 Minuten köcheln lassen.
- Die Fleischbällchen in die Tomatensoße geben und darin 30 bis 40 Minuten auf kleiner Flamme garen. Bei Bedarf etwas Wasser an die Soße geben und vorsichtig rühren.
- Die Basilikumblätter zerkleinern und kurz vor Ende der Garzeit dazu geben. Evtl. noch einmal mit Salz abschmecken und heiß servieren.

Variante
Statt Rinderhack kann man auch Kalbs- oder Schweinehack verwenden. Sehr gut schmeckt eine Mischung aus unterschiedlichen Hackfleischsorten. Die Zugabe von Pecorino gibt den Bombas eine besonders würzige Note.

Spinu
Schweinekoteletts mit Weißwein und Oliven

1 kg Schweinekotelett (Kamm oder Stiel)
200 g entsteinte schwarze Oliven aus der Salzlake
2 Knoblauchzehen
2 Lorbeerblätter
1 kleine Hand voll Blattpetersilie
ca. 400 ml Weißwein
Olivenöl
Salz
Pfeffer aus der Mühle

Schweine werden in Sardinien, wenn Sie nicht als Porceddu auf dem Grill landen, meist zu Schinken und Wurst verarbeitet. Doch das eine oder andere Schweinefleischgericht findet sich auch in der sardischen Küche. Die Rezepte stammen meist aus dem Inneren der Insel. So auch das folgende, das durch die Kombination mit Weißwein eher ungewöhnlich klingt, aber zu einem ganz vorzüglichen Gericht führt.

- Die Koteletts, sofern sie nicht sowieso schon recht klein sind, bereits vom Metzger in 5 bis 8 cm große Stücke hacken lassen.
- Die Petersilie und den Knoblauch klein schneiden, die Lorbeerblätter in kleine Stückchen zupfen und die Oliven halbieren oder vierteln.
- Die Fleischstücke in einer Kasserolle in Öl anbraten und gut Farbe annehmen lassen.
- Dann die Gewürze über das Fleisch streuen, salzen und pfeffern und alles gut vermengen. Sofort den Wein anschütten, die Hitze reduzieren und den Wein langsam verkochen lassen. Nach ca. 10 Minuten die Oliven dazu geben und alles nochmals ca. 20 Minuten garen lassen. Wenn die Flüssigkeit zu verkochen droht, nach und nach etwas Wasser zugießen. Zum Schluss soll ein schmackhafter „sughetto" übrig bleiben, der über das Fleisch gegeben werden kann.
- Am Ende nochmals mit Salz und Pfeffer abschmecken und heiß servieren.

Tipp
Das Gericht schmeckt auch mit grünen Oliven. Sie sollten, ebenso wie die schwarzen, nicht mit Kräutern oder Gewürzen eingelegt worden sein.

Die Fleischbällchen (Bombas) allein sind schon sehr lecker, das Garen in der Tomatensoße macht sie zu einem wahren Genuss.

Das gefüllte Huhn – aufwändig aber ungewöhnlich

Pollo al pomodoro e zafferano
Hähnchen mit Tomaten und Safran

Hier zeigt sich wieder einmal, wie in der sardischen Küche aus wenigen Zutaten ein schmackhaftes Gericht entstehen kann. In diesem Rezept gehen Hähnchenfleisch (am besten von einem freilaufenden Tier), Tomaten und das Safran-Aroma eine gelungene Verbindung ein.

- Das Hähnchen waschen und in Stücke teilen. Die Zwiebel in feine Scheiben schneiden
- Die Tomaten mit kochendem Wasser überbrühen, abschrecken, enthäuten und in Stücke schneiden. Dabei Stielansatz, Kerne und Flüssigkeit entfernen.
- Die Hähnchenstücke in einem großen Topf in reichlich Olivenöl bei großer Hitze rundherum goldbraun anbraten, die Zwiebeln dazu geben und leicht anbräunen. Die Tomaten zum Fleisch geben und kurz aufkochen. Dann die Hitze reduzieren und zugedeckt noch ca. 15 Minuten köcheln lassen.
- Salz und Safran dazu geben und noch mindestens 1/2 Stunde garen. Dabei ab und zu vorsichtig umrühren. Heiß servieren.

Variante
Nach dem Anbräunen des Fleisches einen kleinen Schuss Weißwein dazu geben und verkochen lassen.

1 Hähnchen von ca. 1,2 kg
5 reife Tomaten
1 Zwiebel
1 – 2 Tütchen gemahlenen Safran (à 0,125 g)
Salz
Olivenöl

Gallina ripiena
Gefülltes Huhn

Dieses etwas aufwändige Rezept kommt aus dem Inneren der Insel. Die sehr würzige Füllung spielt bei diesem Gericht die Hauptrolle.

- Das Huhn waschen. Die Innereien vom Fett befreien.
- Den Sellerie, die Karotte, 1 Zwiebel, 2 oder 3 Petersilienstängel und die vorher eingeweichten getrockneten Tomaten grob hacken. Alles in eine feuerfeste Form geben.
- Innereien, Wurst, Schinken, Speck, Dörrfleisch und die zweite Zwiebeln in Stücke schneiden und dann durch einen Fleischwolf drehen. Alternativ alles sehr klein schneiden. Den Rest der Petersilie ebenfalls klein schneiden.
- Alles mit den Eiern und den Semmelbröseln vermengen. So lange Semmelbrösel dazu geben, bis eine nicht mehr zu weiche Masse entstanden ist. Nicht salzen!
- Den Bauch des Huhns mit der Masse füllen und mit Küchengarn zunähen oder mit Zahnstochern zusammen stecken. Die Haut mit Öl oder Schmalz bestreichen, leicht salzen und in eine feuerfeste Form legen. Etwa 10 ml Wasser dazu geben und im vorgeheizten Backofen bei 190 Grad ca. 80 Minuten garen. Ab und an das Huhn mit dem Sud begießen und bei Bedarf etwas Wasser nachgießen.
- Am Ende der Garzeit das Huhn aus dem Backofen nehmen und etwas abkühlen lassen. Die Füllung herausnehmen, auf eine Vorlegeplatte geben und in dünne Scheiben schneiden. Die Knochen entfernen und das Hühnerfleisch ebenfalls auf die Platte geben. Den Sud durch ein Sieb gießen und über das Fleisch geben. Warm servieren.

Variante
Oft wird das Huhn auch gekocht anstatt gebraten. Es wird mit Wurzelgemüse und getrockneten Tomaten in kaltem Salzwasser aufgesetzt und ab dem Zeitpunkt, an dem das Wasser zu kochen beginnt, etwa eine Stunde gekocht. Die Füllung und das Fleisch werden in gleicher Weise serviert wie bei dem gebratenen Huhn. Statt des Suds wird hier etwas von der Hühnerbrühe über das Fleisch gegeben. Bei der gekochten Variante besteht die Füllung meistens nur aus Wurst, Innereien, Eiern, Semmelbröseln und Petersilie. Aber auch beim gebratenen Huhn kann die Füllung variiert werden, z.B. indem man auf den salzigen Schinken verzichtet oder ihn durch etwas klein gehacktes Lamm- oder Rindfleisch ersetzt.

1 Huhn von ca. 1,2 kg
ggf. Innereien des Huhns (Leber, Magen und Herz)
150 g Salsiccia (Bratwurst oder weiche Bauernmettwurst)
100 g roher Schinken
30 g Bauchspeck/Dörrfleisch
30 g Speck
2 Eier
Semmelbrösel
2 mittelgroße Zwiebeln
1 Bund Blattpetersilie
1 Stange Sellerie
1 Karotte
2 getrocknete Tomaten
Olivenöl oder Schweineschmalz
Salz
Küchengarn

Coniglio (o Lepre) a succhittu
Kaninchen (oder Hase) mit Essig und Kapern

1 Haus- oder Wildkaninchen von 1-1,5 kg mit Innereien (alternativ: 1 Hase)
2 EL Kapern
Blattpetersilie
1 Knoblauchzehe
1 mittelgroße Zwiebel
100 ml Weißweinessig
Olivenöl
Salz

Auch in Sardinien haben die Hauskaninchen ihre Artgenossen aus der freien Wildbahn auf dem Speiseplan weitgehend ersetzt. Doch diesem Gericht merkt man an, dass es aus der Zubereitung von Wild entstanden ist. Die verwendeten Zutaten erzeugen einen besonders ausgeprägten und eigenständigen Geschmack, der sich gut mit dem Wildgeschmack verbindet. Aber auch mit einem Hauskaninchen führt das Rezept zu einem ganz besonderen Genuss.

- Dem Kaninchen Leber, Herz und Lunge entnehmen. Die Nierchen bleiben in den Bauchlappen und werden mitgeschmort. Die Leber (wenn gewünscht, auch Herz und Lunge) in sehr kleine Stücke schneiden. Eine Handvoll Petersilie, die Zwiebel und die Knoblauchzehe zusammen mit der Hälfte der Kapern ebenfalls klein schneiden. Das Kaninchen in Stücke teilen (Vorder- und Hinterläufe abtrennen, den Rücken in 3 - 4 Stücke schneiden).
- Die Kaninchenteile in einem schweren Topf in Olivenöl rundherum goldbraun anbraten, herausnehmen und beiseite stellen.
- Mit etwas zusätzlichem Öl die restlichen Zutaten andünsten und die Kaninchenstücke wieder dazugeben. Salzen und mit dem Essig und etwa ebensoviel Wasser ablöschen. Alles gut durchmischen und eine knappe Stunde zugedeckt auf kleiner Flamme schmoren.
- Nach der Hälfte der Kochzeit die restlichen Kapern hinzu geben. Bei Bedarf noch etwas Wasser nachgießen, damit genügend Brühe zum Tunken übrig bleibt. Heiß servieren.

Tipp
Wer einen Wildhasen bekommen kann, sollte ihn nach diesem Rezept zubereiten. Der Lohn wird ein wunderbares Wildgericht sein. Wer hingegen das Ganze etwas milder gestalten will, sollte beim Kaninchen bleiben und auf die Verwendung von Herz und Lunge, vielleicht sogar der Leber, verzichten.

Coniglio in concia
Mariniertes Kaninchen

1 Haus- oder Wildkaninchen (1-1,5 kg)
Für die Marinade:
Blattpetersilie
2 Knoblauchzehen
1 Zwiebel,
1 Stange Sellerie
1 Karotte
1 Lorbeerblatt
1 Rosmarinzweig
etwas Thymian
einige Pfefferkörner
750 ml trockener Weißwein
Olivenöl
Salz

Die Marinade aus Wurzelgemüse, Gewürzen und Wein gibt dem Gericht einen wunderbar intensiven Geschmack. Die vielen, unterschiedlichen Aromen machen dieses Gericht zu einem kulinarischen Erlebnis.

- Das Kaninchen in Stücke teilen, gut waschen und in eine Schüssel oder Terrine legen.
- Petersilie, Knoblauch, Zwiebel, Sellerie und Karotte klein schneiden und zusammen mit den Kräutern und Gewürzen zu den Fleischstücken geben.
- Das Ganze mit dem Wein übergießen und 10 - 12 Stunden marinieren lassen.
- Das Fleisch aus der Marinade nehmen und gut abtupfen, die Marinade durch ein Sieb schütten und aufheben.
- Die Kaninchenstücke in heißem Olivenöl rundherum goldbraun anbraten und dann salzen. Mit etwas Marinade ablöschen, dann nach und nach weitere Marinade (400-500 ml) dazu gießen und kurz aufkochen lassen.
- Das Fleisch zugedeckt auf kleiner Flamme 40 - 50 Minuten garen. Am Ende der Garzeit den Deckel abnehmen und die Flüssigkeit etwas einkochen lassen. Heiß servieren.

Tipp
Statt des Weißweins kann man auch einen jungen Vernaccia di Oristano verwenden. Dann wird die Marinade noch intensiver. Allerdings findet man den jungen Vernaccia, der in 1,5 Literflaschen verkauft wird, außerhalb Sardiniens nur sehr selten.

Zu Kaninchenfleisch passen sehr aromatische Gewürze besonders gut.

Linsen und Wildgeflügel passen überraschend gut zusammen.

Secondi Piatti - Terra

Cinghiale in agrodolce
Wildschwein süßsauer

Viele Sarden sind leidenschaftliche Jäger und Wildschweine, die es auf der Insel immer noch in großer Zahl gibt, sind ihr bevorzugtes Jagdobjekt. Oft wird das erlegte Wild über der offenen Glut gegart. Aber auch einige andere Zubereitungsarten haben sich etabliert. Darunter die im Folgenden beschriebene mit Essig und Zucker, die in früheren Zeiten sicherlich etwas damit zu tun hatte, dass dadurch auch schon etwas älteres Fleisch noch sehr schmackhaft zubereitet werden konnte.

- Das Fleisch in kleine Stücke teilen. Die Zwiebel, eine kleine Hand voll Petersilie, den Knoblauch und (falls vorhan-den) die Myrtenblätter klein schneiden. Die Thymianblättchen von den Stängeln streifen.
- In einer Kasserolle die Zwiebel und die Gewürze in etwas Olivenöl kurz anschwitzen, das Fleisch dazu geben und unter ständigem Rühren goldbraun anbraten.
- Den Essig über das Fleisch gießen und 1/2 - 1 EL Zucker darüber streuen. Weiter rühren, bis die Flüssigkeit eingedampft ist.
- Jetzt die passierten Tomaten, sowie Salz (Vorsicht, passierte Tomaten aus dem Glas sind oft schon gesalzen) und Pfeffer dazu geben, nochmals gut umrühren.
- Zugedeckt ca. 60 Minuten auf kleinster Flamme garen. Dabei ab und zu kontrollieren, ob die Soße zu stark eingedickt ist und, wenn nötig, etwas Wasser dazu geben. Zum Schluss abschmecken, gegebenenfalls nachsalzen und heiß servieren.

Tipp
Den Essig vorsichtig verwenden, im Zweifel etwas weniger als im Rezept angegeben.

800 g Wildschweinfleisch (am besten aus der Keule)
1 mittelgroße Zwiebel
1 Knoblauchzehe
1 oder 2 Thymianzweige (in Sardinien auch einige Myrtenblätter)
Blattpetersilie
70 ml Weißweinessig
Zucker
350 ml passierte Tomaten aus dem Glas
Olivenöl
Salz
Pfeffer

Pernici (o Anatra) con lenticchie
Rebhuhn (oder Ente) mit Linsen

Rebhühner gehörten einmal zum meisterlegten Wildgeflügel der Insel. Heute klagen die Jäger über den reduzierten Bestand und die besonneneren unter ihnen mahnen eine deutliche Schonung an. Deshalb kommen heutzutage Rebhuhngerichte während der Jagdsaison nicht mehr so häufig auf den Tisch wie in der Vergangenheit. Ein Gericht aus der Vielfalt der traditionellen Zubereitungsarten des Rebhuhns wird im folgenden Rezept, für das auch anderes Wildgeflügel verwendet werden kann, beschrieben.

- Die Linsen in reichlich leicht gesalzenem Wasser aufsetzen und zum Kochen bringen.
- Die Rebhühner gut säubern und jeweils vierteln. Die Tomaten enthäuten, Kerne und Flüssigkeit entfernen und in kleine Stücke schneiden. Die Zwiebel in dünne Scheiben schneiden.
- Nach einer guten Viertelstunde die Fleischstücke in einer Pfanne in Olivenöl oder Schmalz anbraten. Die Zwiebel dazu geben und anschwitzen, danach auch die Tomatenstückchen hinzu schütten. Leicht salzen. Das Ganze dann eine Viertelstunde kochen.
- Die Linsen abschütten, dabei das Kochwasser auffangen. Die Linsen zum Fleisch geben, alles vorsichtig vermischen und nochmals etwa eine halbe Stunde kochen lassen. Dabei immer wieder etwas von dem aufgehobenen Kochwasser dazu geben, damit die Linsen nicht ansetzen. Mit Salz abschmecken und heiß servieren.

Tipp
Statt der Rebhühner kann man auch eine Wild- oder Flugente verwenden. Diese in acht Teile schneiden und ansonsten genauso zubereiten wie die Rebhühner. Auch die Verwendung von Flugentenbrust führt zu einem guten Ergebnis.

2 Rebhühner (oder 1 Wildente)
300 g Tellerlinsen
300 g frische Tomaten
1 mittelgroße Zwiebel
20 g Schmalz (oder Olivenöl)
Salz

Cordula con Piselli – eine typisch sardische Art, Innereien zuzubereiten. Mehr Infos dazu auf der Nebenseite.

Cordula, Trattalia ...
Innereien auf traditionelle Art

In der Hirtenkultur Sardiniens galt das gleiche Prinzip, welches alle armen Gesellschaften prägt: Nichts wird weggeworfen, alles wird verwertet. So wurden auch die Eingeweide von Lamm und Zicklein zu nahr- und schmackhaften Gerichten verarbeitet. Diese kommen heute zwar nicht mehr oft auf den Tisch und rufen bei manchen jüngeren Menschen vielleicht sogar eher Abscheu als Appetit hervor. Aber sie sind doch ein wesentlicher Bestandteil der traditionellen sardischen Küche.

Besonders zwei Gerichte, die Cordula und die Trattalia, haben immer noch ihren festen Platz auf dem Speiseplan vieler Sarden. Zu großen Festen wie Weihnachten oder Neujahr bereichern sie nicht selten das Festessen, denn sie sind immer noch etwas ganz Besonderes. Und die Gastgeber können sich der Begeisterung der meisten ihrer Gäste sicher sein, wenn sie eines der beiden Gerichte auf den Tisch bringen.

Die Cordula wird aus Magen, Kutteln und Darm vom Lamm hergestellt, aus denen nach aufwändigen Vorarbeiten eine Art große Wurst geformt wird. Diese wird gebraten und dann meist mit frischen Erbsen als „Cordula con piselli" serviert (s. Bild).

Die Trattalia (S. 80 und 81) wird aus Bries, Herz, Leber, Nierchen, Lunge und dem Darm junger Lämmer oder Zicklein zubereitet. Der Darm hält die Innereien zusammen. Das Ganze sieht in etwa aus wie ein Baguette und wird auf einem Spieß am offenen Feuer über Stunden langsam gegart. Dabei verliert es an Fett und gewinnt an Geschmack. Die Trattalia ist eine wahre Delikatesse, die heiß, direkt vom Feuer kommend, meist als Vorspeise gereicht wird.

Die Vorbereitung der Cordula und erst recht der Trattalia wird heute meist dem Metzger überlassen, denn sie ist aufwändig und nicht ganz einfach. Zudem sind auch in Sardinien frische Eingeweide gar nicht mehr so leicht zu bekommen. Deshalb, und weil es außerhalb Sardiniens noch schwieriger ist, an die Zutaten zu gelangen, wird hier auf die Beschreibung der Rezepte und der genauen Zubereitung verzichtet. Wer aber in Sardinien die Möglichkeit hat, einmal eines der beiden Gerichte zu probieren, dem sei das wärmstens empfohlen.

Trippa alla sarda
Kutteln auf sardische Art

Ein Innereienrezept zum Nachkochen soll es auch in diesem Kochbuch geben. Kutteln spielen auch in manch heimischer Regional-Küche immer noch eine Rolle und haben so manchen Liebhaber. Also warum nicht mal Kutteln auf sardische Art zubereiten, mit Pecorino und Minze?

- Die Kutteln sehr gründlich waschen und in reichlich Salzwasser 3-4 Stunden kochen.
- Die gekochten Kutteln in dünne Streifen von einigen Zentimetern Länge schneiden. Die Tomaten enthäuten und würfeln. Die Zwiebel hacken.
- Die Zwiebel in Olivenöl andünsten, die Tomaten dazu geben und aufkochen lassen. Dann die Kuttelstreifen hinzufügen, salzen und alles etwa eine halbe Stunde kochen.
- Nach der Hälfte der Kochzeit die Minze zerreiben und zusammen mit dem größten Teil des Pecorinos unter das Gericht rühren. Heiß servieren und am Tisch nochmals nach Belieben mit Pecorino bestreuen.

Tipp
Oft kann man bereits fertig gekochte Kutteln kaufen und sich so die aufwändige und übelriechende Prozedur des Reinigens und Garens sparen.

1 kg Kutteln vom Kalb
500 g frische Tomaten
100 g geriebener Pecorino sardo
1 mittelgroße Zwiebel
4 Blätter getrocknete Minze
Olivenöl
Salz

Panadas
Pasteten mit Fleisch- und Gemüsefüllung

400 g feiner Hartweizengrieß (oder normales Weizenmehl
120 g Schweineschmalz
250 g Schweinefleisch
200 g Kalbfleisch
50 g Speck
200 g junge Erbsen
1 1/2 Zwiebeln
2-4 Artischocken (alternativ: 75 g luftgetrockneter Schinken)
75 g schwarze Oliven
3 getrocknete Tomaten
1-2 Knoblauchzehen (optional: Vernaccia di Oristano)
2 EL Tomatenmark
1 Hand voll Blattpetersilie
etwas Zitronensaft
Olivenöl
Salz und Pfeffer

Panadas (auch Impanadas genannt) sind sowohl in der Form als auch im Geschmack etwas Besonderes. Die Zubereitung ist nicht ganz einfach und erfordert einigen Aufwand, aber bei einem festlichen Essen sind Panadas - auch als Vorspeise - ein Gericht, an das sich die Gäste noch lange erinnern werden. Panadas gibt es in vielen Variationen, sowohl als kleine Pasteten (wie im folgenden Rezept aus dem Campidano), als auch größer. Sie werden mit Fleisch, mit Gemüse oder - wie in diesem Rezept - mit beidem zusammen gefüllt. Es gibt aber auch Panadas mit Käse- und sogar mit Aalfüllung, wie bei der großen Panada, die rechts auf dem Bild zu sehen ist.

- Den Grieß oder das Mehl mit dem Schmalz, einer Prise Salz und etwas lauwarmem Wasser vermengen und so lange (mindestens 5 Minuten) kneten, bis ein geschmeidiger, ausrollbarer Teig entsteht. Den Teig zu einer Kugel formen und für mindestens 30 Minuten an einem kühlen Ort ruhen lassen.
- Das Fleisch in kleine, etwa 1/2 cm dicke Stücke, die Zwiebeln in dünne Scheiben schneiden. Die Oliven schälen und grob hacken. Die Petersilie, den Knoblauch, die (vorher eingeweichten und vom Salz befreiten) getrockneten Tomaten klein, und den Speck in etwa 1 cm lange, dünne Stäbchen schneiden.
- Die Artischocken putzen und schälen (s. Rezept Seite 41), in etwa ebenso große Stücke wie das Fleisch teilen und in Zitronenwasser geben, bis sie gebraucht werden.
- Die Erbsen mit 1/3 der Zwiebeln in etwas Olivenöl ca. 5 Minuten andünsten und beiseite stellen.
- Das Fleisch in einer großen Pfanne in Olivenöl anbraten. Speck, Petersilie, Tomaten, Knoblauch und die restlichen Zwiebeln dazu geben und ebenfalls andünsten (optional mit einem Schuss Vernaccia di Oristano ablöschen).
- Die Erbsen dazu geben. Die Artischocken aus dem Wasser nehmen, mit einem Küchentuch gut abtrocknen und ebenfalls dazu geben. Das Tomatenmark in ca. 100 cl warmes Wasser einrühren und dieses ebenfalls in die Pfanne geben. Alles gut verrühren und noch 5 bis 10 Minuten bei kleiner Flamme ziehen lassen, bis die Flüssigkeit einigermaßen verkocht, die Masse aber noch nicht zu trocken geworden ist. Vom Herd nehmen und abkühlen lassen.
- Den Teig auf Raumtemperatur bringen und nochmals kurz durchkneten. Auf einer mit Mehl bestreuten Arbeitsfläche einen Teil des Teiges so dünn wie für Ravioli oder Bandnudeln ausrollen. Mit einer Tasse oder einem Glas jeweils große (10 - 11 cm Durchmesser) und kleinere (ca. 8 cm Durchmesser) Kreise ausstechen.
- Jeweils 1 1/2 bis 2 EL der Fleisch-Gemüsemasse auf die größere Teigscheibe geben und die kleinere Teigscheibe so darauf legen, dass die Füllung bedeckt ist, aber nicht herausquillt. Die Ränder beider Teigscheiben vorsichtig zusammendrücken, nach innen schlagen und mit Zeigefinger und Daumennagel so festdrücken, dass kleine Einkerbungen entstehen. Sollte der Teig schlecht kleben, den Rand der größeren Scheibe mit etwas Wasser oder Eigelb bestreichen.
- Das Ganze so lange wiederholen, bis Teig und Füllung aufgebraucht sind (je nach Dicke des ausgerollten Teigs und Menge der Füllung können zwischen 16 und 20 Panadas entstehen).
- Die Panadas auf ein eingefettes Backblech geben und im auf 180 Grad vorgeheizten Backofen garen, bis sie leicht Farbe angenommen haben (ca. 45 Minuten). Heiß oder lauwarm servieren.

Variante
Artischocken gibt es in Sardinien nur in den Wintermonaten. Im Sommer kann man die Artischocken durch klein gewürfelten, luftgetrockneten oder anderen (ungeräucherten) rohen Schinken ersetzen.

Panadas gibt es in groß (wie hier auf dem Bild) und in klein wie im nebenstehenden Rezept beschrieben

Verdura
Gemüsegerichte

Pomodori arosto, Rezept Seite 113

Zucchine ripiene

Zucchine in casseruola
Zucchini mit Kräutern und Käse

Zucchini sind in der sardischen Küche sehr beliebt. Das folgede Rezept kann einfach und schnell zubereitet werden. Der Käse gibt dem Gericht eine besondere Note.

- Zucchini waschen, dabei den Blüten- und Stielansatz sowie etwaige dunkle Stellen auf der Schale entfernen und in mittelgroße Würfel schneiden.
- Zwiebel in Scheiben schneiden, Petersilie und Basilikum grob hacken. Die Tomate enthäuten und die Kerne entfernen. Tomate und Käse in Würfel schneiden.
- Die Zucchini mit der Zwiebel in Olivenöl andünsten, die Kräuter und die Tomatenstücke dazu geben, salzen und bei mittlerer Flamme zugedeckt köcheln. Dabei häufig umrühren.
- Sobald die Zucchini anfangen weich zu werden, den Deckel abnehmen damit die Kochflüssigkeit verdunsten kann. Wenige Minuten vor Ende der Garzeit den Käse dazu geben. Umrühren und kurz ziehen lassen. Heiß servieren.

Variante
Noch einfacher lassen sich die Zucchine trifolate, bei denen der Eigengeschmack der Zucchini besonders betont wird, zubereiten (s. Pilzrezept S. 115, statt des Knoblauchs eine Zwiebel verwenden).

Zutaten:
1 kg Zucchini
1 große Zwiebel
½ Bund glatte Petersilie
5-7 Basilikumblätter
100 g junger, etwas säuerlicher Schafskäse (ersatzweise Feta)
1 Tomate
Olivenöl
Salz

Zucchine ripiene
Gefüllte Zucchini

Dieses Zuchinirezept ist, ganz im Gegensatz zum obigen, etwas aufwändig. Aber es lohnt sich, Zucchini einmal auf diese Art zuzubereiten. Der frische Geschmack der Zucchini wird kombiniert mit einer kräftigen und würzigen Füllung. Auch hier zeigt sich wieder, dass etwas Pecorino dem Ganzen eine besondere Note gibt.

- Die Zucchini waschen und in ca. 6 cm lange Stücke schneiden. Dabei den Blüten- und Stielansatz sowie etwaige dunkle Stellen auf der Schale entfernen. Die Tomaten enthäuten und fein würfeln.
- Die Zucchinistücke vorsichtig aushöhlen (das geht am besten mit einem Apfelausstecher) und das dabei entfernte innere Zucchinifleisch beiseite stellen.
- Zwiebel, Petersilien- und Basilikumblätter fein hacken.
- Für die Füllung das Zucchinifleisch, die Kräuter-Zwiebelmischung und die gewürfelten Tomaten zusammen mit ca. 30 ml Olivenöl in einen Topf geben und solange kochen, bis eine püreeartige Masse entsteht.
- Die Masse abkühlen lassen und mit den Eiern und dem geriebenen Pecorino verrühren. Soviel Semmelbrösel dazu geben, dass eine teigartige Masse entsteht.
- Olivenöl in einer tiefen Pfanne oder einem Frittiertopf erhitzen. Die ausgehöhlten Zucchini darin frittieren, bis sie von allen Seiten schön gebräunt sind.
- Die frittierten Zucchinistücke auf einem mit Küchenkrepp ausgelegten Teller abkühlen lassen und dann mit der Gemüsemasse füllen.
- Danach die äußeren Enden der Zucchinistücke in Semmelbrösel tupfen, damit sich eine Kruste formt.
- Die Enden der gefüllten Zucchinistücke noch einmal in heißem Öl ausbacken bis sie goldgelb sind. Abtropfen lassen und kalt oder warm servieren.

Tipp
Die gefüllten Zucchini können sowohl warm als vegetarisches Hauptgericht oder als kalte Vorspeise serviert werden. Auf einem Buffet sind sie sicherlich eine besondere Attraktion.

Zutaten:
1 kg mittelgroße Zucchini
2 Eier
3 sehr reife Tomaten
100 g Pecorino sardo, gerieben
etwas Semmelbrösel
1 Zwiebel
1/4 Bund glatte Petersilie
1 Handvoll Basilikumblätter
ca. 30 ml Olivenöl für die Füllung
Olivenöl zum Ausbacken
Salz

Cauli`a frori soffocáu
Blumenkohl mit Oliven

1 Blumenkohl (800 bis 1000 g)
100 g Oliven aus der Salzlake
3 EL Olivenöl
2 Knoblauchzehen
1 Tasse heißes Wasser
Salz

Auf diese Art zubereiteter Blumenkohl ist für den mitteleuropäischen Geschmack sicher ungewöhnlich, in einem Land voller Olivenbäume aber nur folgerichtig. Die Kombination von Blumenkohl und Oliven führt zu einem schmackhaften Gericht, welches auch zuhause leicht nachzukochen ist.

- Den Blumenkohl in ca. 2 bis 4 cm dicke Stücke brechen bzw. schneiden. Den Strunk entfernen.
- Das Olivenöl erhitzen, die geschälten Knoblauchzehen darin anbräunen und dann wieder herausnehmen.
- Die Blumenkohlstücke ins heiße Öl geben und einige Minuten unter ständigem Rühren von allen Seiten anbräunen. Dann das Wasser dazugeben, leicht salzen, umrühren und bei geringer Hitze ca. 1/2 Stunde zugedeckt köcheln lassen. Gelegentlich vorsichtig umrühren und, wenn nötig, etwas Wasser nachschütten.
- Die Oliven hinzugeben und das Ganze ohne Deckel solange weiter köcheln lassen, bis das Wasser verkocht ist. Der Blumenkohl darf beim Kochen etwas zerfallen. Heiß servieren.

Tipp
Wenn der Blumenkohl gegen Ende der Kochzeit etwas ansetzt, ist das nicht weiter problematisch und vermindert nicht die Qualität des Gerichts.

Frittelle di verdura
Frittiertes Gemüse

ca. 200 g Zucchini oder (wilder) Fenchel oder 4 Artischocken
1 Ei
1 - 2 EL Mehl
50 - 100 ml Milch
ca. 1/2 l Olivenöl (alternativ: Sonnenblumen- oder Erdnussöl) zum Frittieren
Salz

Die Sarden lieben Frittiertes. So ist es nicht verwunderlich, dass auch Gemüse gerne ins heiße Fett gegeben wird. Vor allem der wilde Fenchel (zuhause durch kultivierten zu ersetzen), Artischocken und Zucchini werden gerne auf diese Art zubereitet.

- Zucchini gut waschen und ungeschält in dünne Scheiben schneiden. Artischocken wie auf Seite 41 beschrieben säubern und ebenfalls in Scheiben schneiden. Den Fenchel putzen und in ca. 2 cm lange und 1/2 cm breite Stäbchen schneiden.
- In einer Schüssel das Ei mit Mehl, Milch und 1-2 Prisen Salz verquirlen, bis ein dickflüssiger Teig entstanden ist. Die Zucchinischeiben (oder das andere Gemüse) dazu geben und unterrühren.
- Öl in einer Pfanne oder einem Frittiertopf erhitzen und mit einem Löffel jeweils etwas von der Teig-Gemüse-Masse vorsichtig ins Öl geben und goldgelb ausbacken. Dabei ab und zu wenden.
- Die frittierten Gemüsebällchen herausnehmen und auf Küchenkrepp geben. Möglichst warm stellen, bis alles Gemüse ausgebacken ist, und sofort servieren. Man kann die Frittelle auch kalt essen, dann sind sie allerdings nicht ganz so lecker.

Tipp
Traditionell wird der Frittierteig mit Milch zubereitet. Man kann die Milch auch ganz oder teilweise durch Wasser ersetzen, dann wird der Teig luftiger. Bei Zucchini, die selbst schon viel Wasser enthalten, sollte der Teig möglichst dickflüssig sein und nur wenig bis gar keine Flüssigkeit zugegeben werden.

Blumenkohl mit Oliven

Torta di Piselli

Torta di piselli
Omelett mit Erbsen

Gemüse wird in Sardinien gerne mit Ei kombiniert. Wilder Spargel, junge Saubohnen, Pilze und andere Gemüsesorten werden so zu einem schmackhaften Omelett, in der Regel „Frittata" genannt, verarbeitet. Im folgenden Rezept wird aus Erbsen und geschlagenem Ei ein leckeres Omelett, welches in diesem Falle als „Torta" bezeichnet wird.

- Frische Erbsen enthülsen und waschen, gefrorene Erbsen kurz abbrausen und gut abtropfen lassen.
- Das Dörrfleisch klein würfeln, Zwiebel und Petersilie fein hacken.
- Die Erbsen zusammen mit dem Speck, der Zwiebel, der Petersilie und 1 – 2 EL Olivenöl im zugedeckten Topf auf kleiner Flamme ca. 15 Minuten köcheln (die Erbsen müssen noch „Biss" haben).
- Die Eier mit etwas Salz und 1/2 EL Zucker verquirlen und zu den Erbsen geben.
- 1 EL Olivenöl in eine für den Backofen geeignete Pfanne geben und auf dem Herd erhitzen. Die Eier-Erbsenmasse dazu geben und das Ganze noch weitere 5 Minuten bei großer Hitze stocken lassen.
- Danach im vorgeheizten Backofen bei 180 Grad ca. 20 - 30 Minuten backen.
- Das Omelett etwas abkühlen lassen und auf eine Platte stürzen. Warm servieren.

Tipp
Wenn die Frittata mit anderen Gemüsesorten gemacht wird, ist die Vorgehensweise jeweils ähnlich. Die Garzeiten können - je nach Gemüseart - variieren und auch die Zugabe von Dörrfleisch ist nicht immer vorgesehen. Bei Pilzen oder Spargel (statt des wilden kann man auch grünen Spargel nehmen) sollte auf das Dörrfleisch verzichtet werden.

1 kg frische (oder 1/2 kg gefrorene) grüne Erbsen
30 g Bauchspeck (Dörrfleisch)
1 kleine Zwiebel
1/2 Bund Blattpetersilie
ca. 3 EL Olivenöl
2 Eier
1/2 TL Zucker
Salz

Fave rosolate
Gebratene Saubohnen

Saubohnen gehören in Sardinien im Frühjahr einfach auf den Tisch. Und das, obwohl überdurchschnittlich viele Sarden diese Bohnen nicht essen dürfen, weil sie an einer genetisch bedingten Saubohnenunverträglichkeit, dem Favismo, leiden. Oft werden die Bohnen roh gegessen, inbesondere zu gegrilltem Fleisch (s. nächste Seite). Aber es gibt auch eine Reihe von Gerichten in denen die geliebten, etwas bitteren Bohnen gekocht oder gebraten werden. Das folgende Rezept ist ein besonders einfaches.

- Bohnen enthülsen, Zwiebel schälen und würfeln.
- Die Zwiebel in Olivenöl glasig dünsten.
- Die Bohnen dazu geben, salzen und bei mittlerer Hitze ca. 30 Min. zugedeckt garen, dann den Deckel abnehmen und die Kochflüssigkeit verdunsten lassen. Heiß servieren.

Varianten
*1. Ein paar Blätter frischer Minze geben dem Gericht eine besondere Note. Einfach klein schneiden und gegen Ende der Garzeit hinzugeben.
2. Etwas Dörrfleisch würfeln, kurz andünsten, dann die Zwiebel dazu geben und glasig dünsten.*

2 kg frische Saubohnen
1 große Zwiebel (optional: frische Minze oder Dörrfleisch)
ca. 30 ml Olivenöl
Salz

Carciofi con patate
Artischocken mit Kartoffeln

8 (kleine) Artischocken
500 g Kartoffeln
1 Hand voll Blattpetersilie
1 – 2 Knoblauchzehen
Saft einer 1/2 Zitrone
Olivenöl
Salz und Pfeffer

Auch dieses Rezept gehört wieder in die Kategorie „einfach und gut". Es passt als Beilage zu vielen Fleisch- oder deftigen Fischgerichten. Aber die Artischocken mit Kartoffeln schmecken auch als eigenständiger Gang. Dann sollte man allerdings die Menge der Zutaten pro Person erhöhen.

- Die Artischocken wie auf S. 41 beschrieben, putzen, dann vierteln und in mit Zitronensaft versetztes Wasser geben. Die Kartoffeln schälen und in Würfel (etwa in der Größe der Artischockenviertel) schneiden. Petersilie und 1 große Knoblauchzehe klein schneiden.
- Die Petersilie und den Knoblauch in 2 bis 3 EL Olivenöl andünsten. Die Artischockenstücke abtropfen lassen und dazu geben. Nach einigen Minuten auch die Kartoffelwürfel sowie Salz und Pfeffer dazu geben. Mit ca. 100 ml Wasser ablöschen und auf kleiner Flamme eine gute Viertelstunde zugedeckt garen lassen.
- Gelegentlich umrühren und kontrollieren, ob noch genügend Flüssigkeit da ist. Gegebenenfalls etwas Wasser nachschütten.
- Wenn die Kartoffeln gar sind, die restliche Flüssigkeit verkochen lassen. Heiß servieren.

Tipp
Auch wenn dies im Originalrezept nicht vorgesehen ist, sollte man statt mit Wasser mit Vernaccia di Oristano ablöschen. Dieser passt sowohl zu den Artischocken als auch zu den Kartoffeln sehr gut. Später dann wieder mit Wasser verlängern.

Nicht selten kommt auch rohes Gemüse auf den Tisch. Im Frühjahr sind das z.B. frische Saubohnen, die roh (teils mit etwas Salz bestreut) zu gegrilltem Fleisch gegessen werden. Aber auch Radieschen und Stangensellerie oder frischer Fenchel werden gern zu Gegrilltem gegessen; denn sie helfen beim Verdauen des Fleisches.

Pomodori arrosto
Gegrillte Tomaten

AUCH ALS VORSPEISE GEEIGNET

Auch dieses Gericht kann seine Herkunft aus dem ärmlichen bäuerlichen Alltag nicht verleugnen. Während tagsüber Brot, Käse und frische Tomaten als Nahrung dienten, sollte es wenigstens Abends etwas Warmes geben. So wurden einfach einige Tomaten über der Glut im Kamin oder im Backofen gegart. Nachfolgend ein mit Kräutern angereichertes Rezept.

- Die Tomaten halbieren, Kerne und Flüssigkeit entfernen. Die Hälften mit der Schnittfläche nach oben in eine eingeölte feuerfeste Form setzen und die Schnittflächen mit Salz bestreuen.
- Petersilie, Minze und Basilikum klein hacken, miteinander vermischen und auf den Tomatenhälften verteilen. Ein paar Tropfen Öl darüber träufeln.
- Den Pecorino reiben, mit den Semmelbröseln mischen und ebenfalls auf die Tomatenhälften geben.
- Die Tomaten in den auf 180 Grad vorgeheizten Backofen geben und ca. 20 Minuten garen. Heiß servieren.

Variante
Die traditionelle Zubereitung gegrillter Tomaten ist viel einfacher als die hier beschriebene, moderne Verfeinerung. Statt der Kräuter und der Käse-Semmelbrösel-Mischung wird auf die halbierten Tomaten nur fein gehackter Knoblauch, Salz, Pfeffer und etwas Öl gegeben. Auch die Kerne und die Flüssigkeit werden vorher nicht entfernt. Die Tomatenhälften werden dann für ca. 15 Minuten auf dem Rost über moderater Glut gegart.

6 große, nicht zu reife Tomaten
5 große Blätter Basilikum
7 Blätter Minze
1–2 Petersilienstängel
50 g gereifter Pecorino sardo
25 g Semmelbrösel
Olivenöl
Salz
Olivenöl
Salz

Auch Tomaten werden gerne roh gegessen, entweder als Salat oder nur mit etwas Salz bestreut. Eine vor allem in Sardinien angebaute neue Tomatensorte, die früh reife und außergewöhnlich aromatische Camona hat in den letzten Jahren sehr großen Erfolg. Man findet sie mittlerweile auch auf heimischen Märkten. Sie ist recht teuer, aber ihren Preis wert.

Funghi arrosto

Funghi arrosto

Gegrillte Pilze

Die Pilzsuche ist auch heute noch für viele Sarden ein ganz besonderes Vergnügen. Gehören zur „Ausbeute" Pilze mit großem Schirm, wie etwa der häufig vorkommende Pleurotus (italienisch autunna, sardisch cardulinu) werden diese oft auf dem Grill zubereitet. Ebenso gut eignen sich allerdings auch Austernpilze oder Parasole (bei letzteren nur den Hut verwenden) für diese Zubereitungsweise. Sie ist (bis auf die Vorbereitung der Glut) wieder einmal sehr einfach und greift auf die „Standardzutaten" Petersilie, Knoblauch und Olivenöl zurück.

- Feuer so vorbereiten, dass genügend Glut vorhanden ist.
- Petersilie und Knoblauch fein hacken.
- Die Pilze putzen, mit der Lamellenseite nach unten auf den Rost legen und kurz grillen. Wenden, mit Petersilie, Knoblauch, Salz und Pfeffer bestreuen und mit etwas Olivenöl beträufeln. Heiß servieren.

Variante
Großschirmige Pilze können auch im Backofen zubereitet werden. Dazu die Pilze in eine Auflaufform oder auf ein Backblech legen und mit Petersilie, Knoblauch, Salz und Pfeffer bestreuen. Mit Olivenöl beträufeln und einmal wenden, damit die Pilze auf beiden Seiten mit dem Öl und den Gewürzen in Berührung kommen. Bei 180 Grad ca. 20 Minuten lang garen. Heiß servieren.

700 g Austernpilze
2 Knoblauchzehen
1 Hand voll Blattpetersilie
Olivenöl
Salz
Pfeffer aus der Mühle

Funghi trifolati

Pilze mit Petersilie und Knoblauch

Wie viele andere Gemüsearten werden auch Pilze oft „trifolato" zubereitet. Übersetzt heißt das eigentlich „getrüffelt", also mit Trüffel zubereitet, was hier natürlich keinen rechten Sinn ergibt, denn Trüffel sind bei diesem und anderen, ähnlich lautenden Gemüserezepten nicht im Spiel. Nicht „mit Trüffel", sondern „wie Trüffel" ist hier die richtige Übersetzung. Trifolato heißt somit einfach nur: in relativ dünne Scheiben geschnitten und mit Petersilie, Knoblauch (oder Zwiebel) und natürlich Olivenöl zubereitet.

- Die Pilze mit einem Pinsel oder einem feuchten Tuch putzen (nicht unter fließendem Wasser waschen, da sie sonst zu viel Feuchtigkeit aufsaugen) und mit den Stielen in Scheiben schneiden. Petersilie und Knoblauch klein hacken.
- Olivenöl in einer Pfanne erhitzen und die Pilze darin sehr kurz bei starker Hitze anbraten. Die Hitze reduzieren, Knoblauch und Petersilie dazu geben und leicht mit andünsten. Salzen und pfeffern und bei kleiner Flamme unbedeckt solange kochen lassen, bis die aus den Pilzen ausgetretene Flüssigkeit verdunstet ist. Heiß servieren.

Tipp
Es muss nicht immer eine Pilzmischung sein. Auch einfache Champignons können auf diese Art schnell und schmackhaft zubereitet werden. Und wer Steinpilze (die man in Sardinien reichlich und in guter Qualität findet) so zubereitet, wird ebenfalls ganz und gar nicht enttäuscht sein.

700 g gemischte Pilze (z.B. Austernpilze, Kräuterseitlinge, braune Champignons)
1 Knoblauchzehe
1 Hand voll Blattpetersilie
Olivenöl
Salz
Pfeffer aus der Mühle

Peperoni ripieni

Melanzane al forno
Auberginen aus dem Backofen

Auberginengerichte sind durch die Zugabe von viel Öl und Käse oft recht schwer. In diesem Rezept wird nicht viel Öl und gar kein Käse verwendet. Das tut dem wunderbaren Auberginengeschmack keinen Abbruch, macht das Gericht aber insgesamt leichter und damit bekömmlicher.

- Die Auberginen längs halbieren und das Auberginenfleisch mit einem Messer leicht einritzen (ca. ½ cm tief).
- Die Auberginenhälften salzen und für 30 Min. ruhen („weinen") lassen, danach kurz abbrausen, trocken tupfen und mit der Schale nach unten in eine feuerfeste, eingeölte Auflaufform legen.
- Die enthäuteten und entkernten Tomaten klein würfeln. Die Petersilienblätter, das Basilikum und den Knoblauch fein hacken und mit den Tomatenwürfeln mischen. Je nach Geschmack ein paar eingelegte Kapern dazu geben.
- Diese Mischung auf die Auberginenhälften verteilen. Mit Olivenöl beträufeln, salzen und pfeffern.
- Ca. 1 Stunde bei 175 Grad im Backofen garen. Die Auberginen können sowohl warm als auch kalt als Vorspeise oder als Beilage zu einem Hauptgericht gereicht werden.

Tipp
Sardische Hausfrauen verzichten oft darauf, die Auberginen „weinen" zu lassen. Wenn die (heimischen) Auberginen frisch und von hoher Qualität sind, sind die Bitterstoffe nicht sehr ausgeprägt und man kann auch zuhause auf diesen Arbeitsschritt verzichten.

500 g dunkle Auberginen
200 g frische Tomaten
Kapern (nach Geschmack)
2 - 3 Knoblauchzehen
3 - 4 Stängel Blattpetersilie
3 - 4 Blätter Basilikum
Olivenöl
Salz und Pfeffer

Peperoni ripieni
Gefüllte Paprika

In der sardischen Küche gibt es viele Rezepte für gefülltes Gemüse. So wurde aus dem, was Garten und Feld lieferten mit Ei, altem Brot und verschiedenen würzenden Zutaten ein eigenständiges neues Gericht, welches den eigenen Speiseplan bereicherte.

- Die Paprika 1 - 2 cm unter dem Stielansatz durchschneiden, sodass der kleinere Teil als Deckel verwendet werden kann. Die Samen aus den Paprika entfernen und die Schoten gut waschen und trocken tupfen.
- Die Semmelbrösel in eine Schüssel gebe, den Vernaccia di Oristano dazugießen und verrühren.
- Die Petersilie und den Knoblauch klein schneiden. Die Sardellen ggf. vom Salz befreien, filetieren und ebenfalls in kleine Stücke schneiden.
- Alles zusammen mit den Kapern in eine Schüssel geben. Die Eier aufschlagen und ebenfalls dazu geben.
- Das Ganze leicht salzen und gut vermischen. Falls die Masse noch zu weich erscheint, noch etwas Semmelbrösel hinzufügen.
- Die Paprikaschoten mit der Masse füllen. Den „Deckel" darauf setzen, die Paprikaschoten in eine eingeölte Auflaufform geben, mit etwas Olivenöl beträufeln und im auf 175 Grad vorgeheizten Backofen etwa 1 Stunde garen. Während der Garzeit immer wieder mit dem austretenden Sud übergießen. Warm servieren.

Tipp
Wenn die dünne Haut der Paprikaschoten anfängt dunkel zu werden, die Temperatur etwas reduzieren.

6 Paprika
2 Eier
150 g Semmelbrösel
1 Knoblauchzehe
1 Hand voll Blattpetersilie
100 ml Vernaccia di Oristano
30 g eingelegte Kapern
2 eingelegte Sardellen
Salz
Olivenöl

E alla fine ...
Und zum Abschluss ...

Eine der vielen sardischen Gebäcksorten, der Dolci sardi tipici, hier die Pirichittus

Alla fine

Formaggio, Frutta, Dolci, Liquori ...
Käse, Obst, Süßes, Liköre ...

Ist das Hauptgericht gegessen und die Teller abgeräumt, kommt der Nachtisch auf den Tisch. In Sardinien ist das fast immer ein Korb mit Früchten der Saison. Vom Frühjahr bis in den Herbst gibt es eine reiche Auswahl an Früchten, angefangen bei den ersten Erdbeeren Ende April bis hin zu den Trauben im Herbst. Das Obst wird immer „pur", also frisch, gegessen. Nur im Sommer, wenn die Früchtevielfalt am größten ist, wird oft auch eine macedonia, ein Obstsalat, gemacht. Dazu werden verschiedene Obstsorten in mundgerechte Stücke geschnitten, mit etwas Zitronensaft beträufelt und ohne Zugabe von Zucker serviert. Im Winter gibt es Orangen oder Mandarinen, entweder aus dem eigenen Garten oder von einer der sardischen Obstplantagen.

Besteht der Hauptgang aus Fleisch, wird vor den Früchten oft auch noch ein Käsegang serviert (s. a. Seite 9). Meist sind dies zwei bis drei, manchmal auch vier, unterschiedliche Käsesorten. Fast immer ist ein Pecorino dolce, ein noch recht junger Schafskäse, dabei. Und falls die Gastgeber das Glück haben, über Freunde oder eigene gute Beziehungen zu einem Schäfer, einen „casu marciu", den berühmten Madenkäse, im Haus zu haben, dann ist die Freude am Tisch groß. Auch wenn meist nicht alle Gäste den „verdorbenen" Käse mögen: Er wird immer unter großem Hallo

Auch Zitrusfrüchte gedeihen im sardischen Klima sehr gut. Im Winter isst man deshalb vor allem Orangen (wie diese Blutorangen der Sorte Tarocco) und Mandarinen.

und vielem „Ooh" und „Aah" serviert, fast schon zelebriert. Nicht nur die Konsistenz der durch die Maden der Käsefliege entstandenen cremigen Käsemasse wird genauestens in Augenschein genommen, sondern auch die Menge und Größe der darin enthaltenen, noch lebendigen Maden. Auf etwas pane carasau gestrichen, wird der Käse dann von denen, die ihn mögen, genüsslich verspeist und dabei sachkundig Geschmack und Reifegrad kommentiert.

Ein einfaches Essen endet meist mit Obst. An Sonn- und Feiertagen oder wenn Gäste da sind, gibt es zum Abschluss auch noch dolci, also etwas Süßes. In Sardinien sind das meist Plätzchen oder Kuchen. Denn eine Dessert-Kultur, wie man sie aus anderen italienischen Regionen kennt (man denke nur an so bekannte Desserts wie Tiramisu oder Panna cotta), hat sich in Sardinien nicht entwickelt. Eines der wenigen traditionellen, aber heute eher vergessenen Desserts ist die Pappài biancu, die „weiße Speise", ein einfacher Pudding (Rezept auf Seite 120). Das einzige, heute oft servierte und auf fast allen Speisekarten sardischer Restaurants zu findende traditionelle sardische Dessert sind die Sebadas, deren Rezept ebenfalls auf Seite 120 beschrieben wird.

Es gibt auf der Insel ein reichhaltiges Angebot an Käse, insbesondere an Pecorino sardo.

Dolci sardi, die typischen Plätzchen, auf die die Sarden zu Recht so stolz sind, gibt es allerdings in großer Vielfalt. Jede Stadt und jedes größere Dorf hat eigene traditionelle dolci, die oft bestimmten religiösen Festen, insbesondere dem Osterfest, zugeordnet sind. Nicht selten sind sie kunstvoll geformt und reich verziert oder haben klangvolle Namen. Immer aber sind sie - ob von den Hausfrauen selbst oder der Tradition verbundenen Konditoren gebacken - aus hochwertigen Zutaten gemacht. Dabei spielen vor allem Mandeln, Honig und Sapa, ein sirupartiger Most, der aus Traubensaft gekocht wird, eine große Rolle. Wer in Sardinien zum Essen eingeladen ist, macht mit Sicherheit keinen Fehler, als Gastgeschenk eine Auswahl von Dolci sardi mitzubringen. Wenn die dolci am Ende des Essens auf den Tisch kommen, greift - obwohl alle in der Runde wirklich gut gesättigt sind - (fast) jeder gerne und mit viel Genuss zu.

Dazu gibt es dann vielleicht noch einen Espresso und einen der typischen Digestivs. Das kann ein (oft selbst gemachter) Mirto sein, der bekannteste der sardischen Liköre. Der dunkelrote, aus den Beeren des Myrtenstrauchs (der weiße Mirto wird aus den Myrtenblättern hergestellt) gemachte Likör hat einen sehr charakteristischen Geschmack und ist auch bei Touristen so beliebt, dass er mittlerweile sogar exportiert wird.

Ein weiterer, typisch sardischer Digestiv ist der „Fil' e ferru", ein rustikaler Tresterschnaps, der früher oft „schwarz" gebrannt wurde (s. a. Seite 73). Der Fil' e ferru wird mittlerweile nicht mehr sehr häufig getrunken. Er wird zunehmend von teils sehr gutem Grappa verdrängt, den viele sardische Kellereien aus ihrem Trester (meist in bekannten Destillerien in Norditalien) brennen lassen und in den Handel bringen.

Eine (kleine) Auswahl typischer Dolci sardi: Mustazzolus (oben) Pabassinas (links und rechts darunter), Amaretti (Mitte), Tiliccas (unten rechts) und Párdulas (unten). Ein alter Vernaccia di Oristano passt zu vielen Dolci sardi, besonders aber zu den Amaretti. Die traditionell nur aus Mandeln, Bittermandeln, Eiweiß und Zucker bestehenden Amaretti betonen das Mandelaroma des Vernaccia..

Sebadas
Frittierte Teigtaschen mit Käse und Honig

Für den Teig:
500 g feiner Hartweizengrieß oder Weizenmehl
50 g Schweineschmalz
Salz

Für die Füllung:
500 g junger, etwas säuerlicher Schafskäse (ersatzweise Feta)
abgeriebene Schale von 1 Zitrone
ca. 25 g Hartweizengrieß

(Oliven-)öl zum Frittieren
Honig

Die Sebadas sind das berühmteste Dessert auf der Insel. Ursprünglich aus dem bergigen Inland kommend werden sie heute auf der ganzen Insel gegessen und auch in den meisten Restaurants angeboten. Den Aufwand der eigenen Herstellung spart man sich heute oft, da die Sebadas in der Kühltheke vieler Supermärkte schon frittierfertig angeboten werden.

- Den Käse zerkleinern und in einem Topf mit ca. 200 ml Wasser langsam erhitzen. Wenn er geschmolzen ist und sich mit dem Wasser verbunden hat, die abgeriebene Zitronenschale sowie nach und nach unter ständigem Rühren den Grieß dazugeben, bis eine cremige Masse entstanden ist. Etwas abkühlen lassen.
- Mit angefeuchteten Händen aus der Masse knapp 1 cm dicke Scheiben mit einem Durchmesser von 8-9 cm formen. (Das muss recht schnell geschehen, weil die Masse sonst zu fest wird.) Die Scheiben auf ein Tuch legen und kühl stellen.
- Mit dem Mehl bzw. dem feinen Grieß, dem Schmalz und etwas lauwarmem Salzwasser (wie auf Seite 37 im Culurgiones-Rezept beschrieben) den Teig vorbereiten und gut 30 Minuten ruhen lassen.
- Den Teig dünn ausrollen und daraus Scheiben mit einem Durchmesser von 10-11 cm ausstechen. Die Käsescheiben jeweils mittig auf eine Teigscheibe platzieren und eine zweite Teigscheibe darauf legen. An den Seiten gut andrücken, damit die Teigtaschen geschlossen sind. Den Rand am äußeren Ende mit einem Teigrädchen rundherum sauber abschneiden.
- In einer möglichst großen Pfanne reichlich Öl erhitzen und die Sebadas darin frittieren. Wenn die Unterseiten goldbraun sind vosichtig wenden.
- Wenn die Teigtaschen rundum goldbraun und etwas aufgebläht sind, herausnehmen und kurz auf Küchenkrepp ablegen. Auf Dessertteller geben und heiß servieren. Bei Tisch nach Belieben mit Honig beträufeln und mit Messer und Gabel essen.

Tipp

Wenn man den etwas bitteren miele di corbezzolo (Honig vom Erdbeerbaum) bekommen kann, sollte man (der Tradition folgend) diesen über die Sebadas geben. Aber auch anderer Honig passt sehr gut.

Pappài biancu
„Weiße Speise", Pudding

1 l Milch
200 g Zucker
100 g Mais- oder Kartoffel-Stärke
abgeriebene Schale von 1 Zitrone
2 EL Orangenblütenwasser

Dieser Pudding ist trotz seiner Einfachheit sehr lecker und kann auf dem Teller mit Fruchtkompott oder mit anderen süßen Zugaben noch verfeinert werden.

- Die Stärke im Topf in etwas kalter Milch auflösen. Dann den Rest der Milch und den Zucker dazugeben.
- Das Ganze auf kleiner Flamme aufkochen, dabei immer wieder vorsichtig rühren.
- Wenn die Masse anfängt, cremig zu werden, das Orangenblütenwasser und die abgeriebene Zitronenschale dazugeben.
- Unter weiterem Rühren noch etwa zehn Minuten köcheln lassen und dann das Ganze in eine Schüssel oder in Portionsschälchen geben, kühl stellen und fest werden lassen.

Tipp

Orangenblütenwasser bekommt man in Sardinien im Supermarkt, zuhause in manchen Spezialitätengeschäften, in Apotheken oder über den Versandhandel. Im Zweifel kann es auch weggelassen werden.

Eine Sebada, hier zusätzlich mit kandierter Orangenschale garniert

Rezeptverzeichnis

Italienische/sardische Namen

Antipasti

Affetato di terra, olive, sott'olio ecc	S. 17
Bocconi	S. 21
Bottarga	S. 18
Bottarga con carciofi o sedano	S. 18
Cozze fritte	S. 21

Primi piatti di mare

Minestra e cocciula	S. 27
Pasta alle cozze	S. 28
Pasta coi ricci di mare	S. 24
Spaghetti ai granchi	S. 26
Spaghetti all'aragosta	S. 26
Spaghetti alla Bottarga	S. 24
Spaghetti alle arselle	S. 28

Primi piatti di terra

Caulada	S. 45
Culurgiones de patata	S. 37
Favata	S. 45
Frègula stufada	S. 32
Maccarones con arrescottu	S. 38
Maccarones de busa con asparagi	S. 40
Mallureddus alla campidanese	S. 39
Mazzamurru	S. 35
Minestra di ceci	S. 42
Minestra di lenticchie	S. 42
Pane frattau	S. 32
Pasta con i carciofi	S. 41
Ravioli con ricotta	S. 38
Zuppa gallurese	S. 35

Secondi piatti di mare

Anguidda incasada	S. 67
Anguilla in umido	S. 67
Aragosta arrosto	S. 70
Aragosta lessata	S. 70
Baccalà in umido	S. 63
Calamari arrosto	S. 77
Calamari ripieni	S. 77
Cocciula a schiscionera	S. 68
Gamberetti alla Vernaccia	S. 73
Gamberoni al fil ,e ferru	S. 73
Merca	S. 50
Muggini, merca, pisci affumau	S. 50
Pesce con patate	S. 57
Pesci alla brace	S. 48
Pesci aromatizzati in salamoia	S. 48
Pesci fritti	S. 53
Pilao	S. 71
Pisci a scabecciu	S. 63
Pisci affumau	S. 50
Pruppu buddiu	S. 78
Pruppu piccante	S. 78
Sa Burrida cagliaritana	S. 64
Sa Burrida crabarissa	S. 64
Sa Cassola	S. 60
Sardine ripiene e fritte	S. 53
Sardinette al forno	S. 58
Seppie con piselli	S. 74
Seppioline con frègula	S. 74
Spigola lessata	S. 54
Tonno con cipolle	S. 54
Triglie alla Vernaccia	S. 57
Trote con olive e Vernaccia	S. 58
Zuppetta di arselle e cozze	S. 68

Secondi piatti di terra

Agnello arrosto	S. 82
Agnello con carciofi	S. 86
Anatra con lenticchie	S. 99
Anzone e fenugheddu	S. 86
Anzone in biancu	S. 89
Arrosto morto	S. 91
Bombas	S. 92
Capretto arrosto	S. 82
Cinghiale in agrodolce	S. 99
Coièttas	S. 91
Coniglio in concia	S. 96

Die Küche Sardiniens – Rezeptverzeichnis

Coniglio o lepre al succhittu	S. 96
Cordula, trattalia	S. 101
Gallina ripiena	S. 95
Ghisau	S. 90
Lepre al succhitto	S. 96
Panadas	S. 102
Pecora bollita con patate e cipolle	S. 89
Pernici o anatra con lenticchie	S. 99
Pollo al pomodoro e zafferano	S. 95
Porchetto arrosto	S. 82
Spinu	S. 92
Trippa alla sarda	S. 101

Verdura

Carciofi con patate	S. 112
Cauli a frori soffocáu	S. 108
Fave rosolate	S. 111
Fritelle di verdura	S. 108
Funghi arrosto	S. 115
Funghi trifolati	S. 115
Melanzane al forno	S. 117
Peperoni ripieni	S. 117
Pomodori arrosto	S. 113
Torta di piselli	S. 111
Zucchine in casseruola	S. 107
Zucchine ripiene	S. 107

Alla fine

Digestivi	S. 120
Dolci sardi	S. 120
Formaggio	S. 120
Frutta	S. 120
Pappài biancu	S. 122
Sebadas	S. 122

Deutsche Namen

Vorspeisen

Artischocken, Meeräschenrogen mit	S. 18
Gemüse, eingelegte	S. 17
Meeräschenrogen mit Artischocken oder Stangensellerie	S. 18
Meeräschenrogen, feingeschnittene Scheiben vom	S. 18
Miesmuscheln, frittierte	S. 21
Oliven	S. 17
Purpurschnecken, gekochte	S. 17
Stangensellerie, Meeräschenrogen mit	S. 18
Wurst, Schinken, Oliven, eingelegte Gemüse	S. 17

Erster Gang aus dem Meer

Frègula, Suppe mit Venusmuscheln und	S. 27
Hummer, Spaghetti mit	S. 26
Languste, Spaghetti mit	S. 26
Meeräschenrogen, Spaghetti mit geriebenem	S. 24
Miesmuscheln, Nudeln mit	S. 28
Nudeln mit Miesmuscheln	S. 28
Nudeln mit Seeigelrogen	S. 24
Seeigelrogen, Nudeln mit	S. 24
Spaghetti mit geriebenem Rogen von der Meeräsche	S. 24
Spaghetti mit großen Venusmuscheln	S. 28
Spaghetti mit kleinen Taschenkrebsen	S. 26
Spaghetti mit Languste oder Hummer	S. 26
Suppe mit Venusmuscheln und Frègula	S. 27
Taschenkrebse, Spaghetti mit kleinen	S. 26
Venusmuscheln, Spaghetti mit großen	S. 28
Venusmuscheln, Suppe mit	S. 27

Erster Gang von Feld und Weide

Artischocken, Nudeln mit	S. 41
Bohneneintopf, traditioneller	S. 45
Brotsuppe, deftige, aus der Gallura	S. 35
Brotsuppe, einfache, aus Cagliari	S. 35

Frègula aus dem Backofen	S. 32
Gnocchi, sardische, nach Campidano-Art	S. 39
Kichererbsensuppe	S. 42
Kohleintopf, deftiger, aus Sassari	S. 45
Linsensuppe	S. 42
Notenblätter mit Tomatensoße und Ei	S. 32
Nudeln mit Artischocken	S. 41
Nudeln mit Ricotta	S. 38
Pasta, hausgemachte, mit (wildem) Spargel	S. 40
Ravioli mit Ricottafüllung	S. 38
Spargel, hausgemachte Pasta mit (wildem)	S. 40
Teigtaschen mit Kartoffelfüllung	S. 37

Hauptgerichte aus dem Meer

Aal in Soße mit Lorbeerblättern	S. 67
Aal mit Pecorino sardo	S. 67
Calamari, gefüllte	S. 77
Calamari, gegrillte	S. 77
Fisch mit Kartoffeln	S. 57
Fisch, gegrillter, aromatisiert im Salzwasserbad	S. 48
Fisch, gegrillter, auf sardische Art	S. 48
Fische, frittierte	S. 53
Fischsuppe nach Cagliaritaner Art	S. 60
Forellen mit Oliven und Vernaccia di Oristano	S. 58
Frittierte Fische	S. 53
Garnelen flambiert mit Tresterbrand	S. 73
Garnelen mit Vernaccia di Oristano	S. 73
Gefüllte und frittierte Sardinen	S. 53
Gegrillter Fisch auf sardische Art	S. 48
Gegrillter Fisch, aromatisiert im Salzwasserbad	S. 48
Gekochter Tunfisch mit Zwiebeln	S. 54
Gekochter Wolfsbarsch	S. 54
Hummer mit Frègula	S. 71
Katzenhai in Nuss-Soße	S. 64
Klippfisch mit Tomaten und Kartoffeln	S. 63
Languste mit Frègula	S. 71
Languste, gegrillt oder gebacken	S. 70
Languste, gekochte	S. 70
Meeräschen – die traditionellen Zubereitungsarten	S. 50
Meerbarben mit Vernaccia di Oristano	S. 57
Miesmuscheln, Süppchen von Venus- und	S. 68
Oktopus mit getrockneten Tomaten und Kapern	S. 78
Oktopus, gekocht	S. 78
Rochen in pikanter Tomatensoße	S. 64
Sardinen aus dem Backofen	S. 58
Sardinen, gefüllte und frittierte	S. 53
Säuerlich marinierter Fisch	S. 63
Tintenfisch mit Erbsen	S. 74
Tintenfische mit Frègula	S. 74
Tunfisch, gekochter, mit Zwiebeln	S. 54
Venusmuscheln auf sardische Art	S. 68
Wolfsbarsch, gekochter	S. 54

Zweiter Gang von Feld und Weide

Ente mit Linsen	S. 99
Gulasch, sardischer	S. 90
Hackfleischbällchen in Tomatensoße	S. 92
Hähnchen mit Tomaten und Safran	S. 95
Hase mit Essig und Kapern	S. 96
Huhn, gefülltes	S. 95
Innereien	S. 101
Kalbsbraten mit Kapern	S. 91
Kaninchen mit Essig und Kapern	S. 96
Kaninchen, mariniertes	S. 96
Kutteln auf sardische Art	S. 101
Lamm am Spieß	S. 82
Lamm mit (wildem) Fenchel	S. 86
Lamm mit Artischocken	S. 86
Lamm mit Ei und Zitrone	S. 89
Mariniertes Kaninchen	S. 96
Milchschweinchen am Spieß	S. 82
Pasteten mit Fleisch- und Gemüsefüllung	S. 102
Rebhuhn mit Linsen	S. 99
Rouladen, sardische	S. 91

Schafsfleisch, gekochtes, mit Kartoffeln und Zwiebeln	S. 89
Schweinekoteletts mit Weißwein und Oliven	S. 92
Wildschwein süßsauer	S. 99
Zicklein am Spieß	S. 82

Gemüse

Artischocken mit Kartoffeln	S. 112
Auberginen aus dem Backofen	S. 117
Blumenkohl mit Oliven	S. 108
Erbsen, Omelett mit	S. 111
Frittiertes Gemüse	S. 108
Gemüse, frittiertes	S. 108
Paprika, gefüllte	S. 117
Pilze mit Petersilie und Knoblauch	S. 115
Pilze, gegrillte	S. 115
Saubohnen, gebratene	S. 111
Tomaten, gegrillte	S. 113
Zucchini mit Kräutern und Käse	S. 107
Zucchini, gefüllte	S. 107

Zum Schluss

Digestive	S. 120
Gebäck, sardisches	S. 120
Käse	S. 120
Obst	S. 120
Pudding	S. 122
Teigtaschen, frittierte, mit Käse und Honig	S. 122
Weiße Speise	S. 122

Ich danke meiner Frau Anna Gisela, die mich bei der Erstellung des Buches mit Rat und Tat unterstützt hat und ohne deren Hilfe es wahrscheinlich nie erschienen wäre.

Ein besonderer Dank geht an meinen Freund Paolo Contini und seine Frau Marisa Zedda, deren große Gastfreundschaft und ausgeprägte Liebe zur traditionellen sardischen Küche mir das Tor zur kulinarischen Welt der Insel weit geöffnet haben.

Ein großes Dankeschön auch an Giulia Uras, Vittoria Gallo und Tina Manca, die mir mit ihrer Kochkunst nicht nur viele kulinarische Erlebnisse, sondern immer wieder auch neue Erkenntnisse geschenkt haben. Und schließlich danke ich all denen, die mir durch Hinweise und Ratschläge geholfen haben wie Marisa Mirai, Marcella Meli, Susanna Baldinu, Maria (Emiliana) Trifollio, Maria Laura (Lalli) Orrù, Graziano Viale, Manfred Wolfrath, Gianfilippo Uda, Gino Sulis, Pietro Porcedda und den vielen anderen Freunden und Bekannten auf der Insel.

Außerdem danke ich der Agenzia Libraria Fozzi in Cagliari für die freundliche Unterstützung beim Vertrieb des Buches in Sardinien.

Hans-Peter Bröckerhoff
Frankfurt am Main im Mai 2012